성학십도

열 가지 그림으로 읽는 성리학

청소년 철학창고 03

성학십도, 열 가지 그림으로 읽는 성리학

초판 1쇄 발행 2005년 6월 5일 | 초판 9쇄 발행 2019년 5월 20일

풀어쓴이 최영갑
펴낸이 홍석 | 전무 김명희 | 기획 채희석
편집 류현영 · 김재실 | 표지 디자인 황종환 | 본문 디자인 서은경
마케팅 홍성우 · 이가은 · 홍보람 · 김정선 | 관리 최우리
펴낸곳 도서출판 풀빛 | 등록 1979년 3월 6일 제8-24호
주소 서울특별시 서대문구 북아현로 11가길 12 3층(북아현동, 한일빌딩)
전화 02-363-5995(영업), 02-362-8900(편집) 팩스 02-393-3858
홈페이지 www.pulbit.co.kr | 전자우편 inmun@pulbit.co.kr

ⓒ 최영갑, 2005

ISBN 978-89-7474-529-5 44150
ISBN 978-89-7474-526-4 44080 (세트)

이 책의 국립중앙도서관 출판시도서목록(CIP)은 e-CIP 홈페이지(http://www.nl.go.kr/cip.php)에서
이용하실 수 있습니다. (CIP제어번호 : CIP2005001053)

성학십도

열 가지 그림으로 읽는 성리학

이황 지음 | 최영갑 풀어씀

聖學十圖

풀빛

'청소년 철학창고'를 펴내며

우리 청소년이 읽을 만한 좋은 책은 없을까? 많은 분들이 이런 고민을 하셨을 겁니다. 그러면서 흔히들 고전을 읽어야 한다고 합니다. 하지만 서점에 가서 책을 골라 보신 분들은 느꼈을 겁니다. '청소년의 지적 수준에 맞춰서 읽힐 만한 고전이 이렇게도 없는가.'라고.

고전 선택의 또 다른 어려움은 고전의 범위가 매우 넓다는 것입니다. 청소년 시기에는 시간과 능력의 한계 때문에 그 많은 고전들을 모두 읽을 수 없습니다. 그렇다면 어떤 책을 읽어야 할까요?

이런 여러 가지 현실적 어려움을 고려하여 기획한 것이 풀빛 '청소년 철학창고'입니다. '청소년 철학창고'는 고전의 핵심이라 할 수 있는 '철학'에 더 많은 무게를 실었습니다. 그 이유는 무엇일까요?

사람들은 일반적으로 철학을 현실과 동떨어진 공리공담이나 펼치는 학문이라고 생각합니다. 하지만 철학적 사고의 핵심은 사물과 현상을 다양하게 분석하고 종합하여 그 원칙이나 원리를 찾아 내는 것입니다. 그래서 철학은 인간과 세상에 대해 깊이 있게 생각하고, 논리적으로 종합하는 능력을 키워 줍니다. 그런 만큼 세상과 인간에 대해 눈떠 가는 청소년 시기에 정말로 필요한 공부입니다.

하지만 모든 고전이 그렇듯이 철학 고전 또한 읽기가 쉽지 않습니다. 그래서 '청소년 철학창고'는 청소년의 눈높이에 맞추기 위해 선정에서부터 원문 구성에 이르기까지 많은 노력을 기울였습니다.

첫째, 책을 선정하는 과정에서부터 엄격함을 유지했습니다. 동양·서양·한국 철학의 전공자들이 많은 회의 과정을 거쳐, 각 시대마다 동서양과 한국을 대표하는 철학 고전들을 엄선했습니다. 특히 우리 선조들의 사상과 동시대 동서양의 사상들을 주체적인 입장에서 비교하고 검토할 수 있도록 했습니다.

둘째, 고전 읽기의 참다운 맛을 살리기 위해 최대한 원문을 중심으로 구성했습니다. 물론 원문 읽기의 어려움을 해결하기 위해 새롭게 번역하고 재정리했습니다. 그리고 청소년이라면 누구나 어렵지 않게 읽으면서 고전이 주는 의미와 내용을 이해할 수 있도록 설명을 덧붙였고, 전체 해설을 통해 저자의 사상과 전체 내용을 다시 한번 정리해 주었습니다.

마지막으로 쉬운 것부터 읽기 시작하여 점차 사고의 폭을 넓혀가도록 난이도에 따라 세 단계로 구분을 했습니다. 물론 단계와 상관 없이 읽고 싶은 순서대로 읽어도 될 것입니다.

우리 선정위원들은 고전 읽기의 진정한 의미가 '옛것을 되살려 오늘을 새롭게 한다(溫故知新).'는 데 있다고 생각합니다. '청소년 철학창고'를 통해 자라나는 청소년들이 인간과 사물에 대한 깊은 통찰력을 키워, 밝은 미래를 열어 나갈 수 있기를 진정으로 바랍니다.

2005년 2월

선정위원 허우성(경희대 교수, 동양철학)   윤찬원(인천대 교수, 동양철학)
          정영근(서울산업대 교수, 한국철학)   허남진(서울대 교수, 한국철학)
          이남인(서울대 교수, 서양철학)   한자경(이화여대 교수, 서양철학)

들어가는 말

삶의 목표는 무엇인가? 또한 삶의 목표를 달성하기 위해서 무엇을 배워야 하는가? 삶의 목표는 개인마다 다르겠지만, 적어도 옛 선현들은 '자신의 몸과 마음을 수양해 사회와 국가 그리고 인류를 안정시키는 것'에 목표를 두었다. 살아가면서 자신을 잘 보존하는 것도 어려운 일인데, 이를 뛰어넘어 다른 사람과 인류를 위해 살아간다는 것은 말처럼 쉬운 일이 아니다.

퇴계의 《성학십도(聖學十圖)》는 바로 이러한 목표를 달성하기 위해 만든 지침서다. 《성학십도》는 17세의 어린 임금 선조에게 원로 학자가 올린 것으로, 유학의 이념을 체계적으로 정리하여 쉽게 이해시키기 위한 노력을 많이 기울인 책이다.

'성학(聖學)'은 '성인(聖人)이 되기 위한 학문'인 동시에 '성인의 참모습을 보고 배우는 것'이다. 그런 의미에서 성인을 존경하면서 성인과 같은 인간이 되고자 노력했던 것이 과거의 인간이라면, 현대인은 성인을 나와 다른 존재로 생각하고 구분하고자 한다. 그렇기 때문에 추구하는 이상형이 다를 수밖에 없다. 그러나 가장 완성된 인간은 성인과 같은 모습이어야 한다는 말에는 모두 동의할 것이다.

이 책은 청소년들을 위해 쓰여졌지만, 누구든지 읽어도 좋은 책이다. 더

욱이 성인이 되기 위해 가야 할 길을 보여 주고 있기 때문에, 모든 사람에게 삶의 방향을 제시해 주는 귀중한 의미를 담고 있다.

《성학십도》는 우주의 원리를 이해하고, 인간과 만물이 하나의 원리에서 나왔다는 사실을 배우면서 점차 인간 내면의 문제를 파헤치고, 마지막에는 수양과 실천에 관한 이야기를 전개한다. 이것은 성학의 내용이 단순한 지식 습득에 있지 않고 우주와 인간을 연결시키고, 인간의 내면을 분석하여 학문과 실천으로 나아가는 데 있음을 의미한다.

오늘날 청소년들이 학교에서 배우는 공부가 지식을 쌓는 것이라면, 《성학십도》와 같은 과거의 학문은 인간의 근본적인 문제에 대한 공부다. 모든 일에서 근본이 되는 것과 말단이 되는 것을 구별할 줄 알며, 시작과 마침을 할 수 있어야 한다. 근본이 확립되지 않은 상태에서 말단만을 추구하면 반드시 병폐가 생길 것이고, 시작이 없다면 끝에 도달할 수 없다. 따라서 《성학십도》를 통해 근본과 말단, 시작과 끝을 올바로 세워야 한다.

이 책은 유학의 정수를 모은 글이기에 어려운 단어가 많이 나온다. 가능한 한 청소년들의 이해를 돕기 위해 쉽게 풀어쓰고자 했지만 부족한 점이 많다. 이러한 점에 대해서는 앞으로 더욱 보완할 예정이다.

끝으로 이 책을 엮으면서 금장태 교수의 《성학십도와 퇴계철학의 구조》, 이광호 교수의 《성학십도》 등에서 많은 도움을 받았음을 밝힌다. 선배 학자들의 이러한 성과가 없었다면 후배 학자들이 어찌 배울 수 있겠는가? 이 책이 자라나는 청소년은 물론 많은 분들이 학문의 방향과 삶의 방향을 세우는 데 조금이나마 도움이 되었으면 한다.

2005년 5월
최영갑

| 차 례 |

《성학십도》에 나오는 주요 인물

주희(朱熹, 1130~1200)

중국 남송 때의 대표적인 유학자이며 성리학의 집대성자로, 이름은 희(熹), 자는 원회(元晦), 호는 회암(晦菴) 또는 회옹(晦翁)이다. 북송 때 학자인 장횡거(장재), 주렴계(주돈이), 정명도(정호), 정이천(정이)의 학설을 정리하여 주자학을 완성했다. 주자학은 중국 사상사에 큰 영향을 주었으며, 우리나라 조선 왕조 때도 절대적인 영향을 끼쳤다. 저서가 매우 많은데, 대표적인 것으로는 《주자가례(朱子家禮)》, 《대학장구(大學章句)》, 《중용장구(中庸章句)》, 《사서집주(四書集注)》, 《주역본의(周易本義)》, 《근사록(近思錄)》 등이 있다.

주돈이(周敦頤, 1017~1073)

중국 북송 때의 유학자로 이름은 돈이(敦頤), 자는 무숙(茂叔), 호는 염계(濂溪)다. 태극도(太極圖)와 〈태극도설(太極圖說)〉을 통해 자신의 세계관과 인간관을 설명하였다. 저서로는 〈태극도설〉과 《통서(通書)》가 있다.

장재(張載, 1020~1077)

중국 북송 때의 성리학자로 자는 자후(子厚)이며, 횡거진(橫渠鎭)에서 오랫동안 학문을 했다고 하여 횡거 선생으로 불렸다. 기일원론(氣一元論)을 주장하여 오늘날 중국에서 많은 관심을 가지고 연구하고 있다. 저서로는 〈서명 (西銘)〉, 《정몽(正蒙)》, 《횡거역설(橫渠易說)》, 《경학이굴(經學理窟)》, 《장자어록(張 子語錄)》 등이 있는데, 특히 〈서명〉이 매우 높이 평가되고 있다.

정호(程顥, 1032~1085)

중국 북송 때의 성리학자로 자는 백순(伯淳), 호는 명도(明道)다. 아우인 정 이와 함께 이정(二程), 또는 이정자(二程子)로 불리며, 오랫동안 낙양에서 학 문을 연구했기 때문에 그들의 학문을 낙학(洛學)이라고 부른다. 동생 정이 와 함께 성리학의 중심 인물로 중요한 위치를 차지한다. 저서로는 《명도문 집(明道文集)》, 《어록(語錄)》 등이 있다.

정이(程頤, 1033~1107)

중국 북송 때의 성리학자로 자는 정숙(正叔)이다. 또한 이천(伊川) 지방의 수령이었기 때문에 이천 선생으로 불렸다. 정이의 학문은 주자에게 많은 영향을 주었다고 해서 정주학(程朱學)이라고 불리기도 한다. 저서로 《역전(易 傳)》, 《춘추전(春秋傳)》, 《이천문집(伊川文集)》, 《어록(語錄)》, 《이정유서(二程遺 書)》 등이 있는데, 《역전》을 뺀 나머지는 모두 《이정전서(二程全書)》에 실려 있다.

정복심(程復心, 1279~1368)

원문에 임은 정씨라고 나오는 인물로, 자는 자견(子見), 이름은 복심(復心) 이다. 원나라 때의 성리학자로 인종 때 향군박사로 등용되었으나 벼슬을 사양하고 고향에 돌아와 은거하면서 공부하였다. 저서로는 《사서장도(四書 章圖)》 세 권이 있다.

권근(權近, 1352~1409)

고려 말에서 조선 초기 때의 학자로 호는 양촌(陽村), 자는 가원(可遠)이다. 이색(李穡)의 문인으로 정도전(鄭道傳) 등과 친분이 있었다. 정도전과 함께 조선 초기에 유교 발전의 기반을 마련하여 성리학을 알리는 데 큰 역할을 했다. 그의 학문은 이황(李滉)이나 장현광(張顯光) 같은 주리론자(主理論者)에게 많은 영향을 주었다. 저서로는 《양촌집(陽村集)》, 《오경천견록(五經淺見錄)》, 《사서오경구결(四書五經口訣)》, 《입학도설(入學圖說)》 등이 있다.

왕백(王栢, 1197~1274)

중국 남송 때의 학자로 주자의 문인과 함께 학문을 했다. 호는 노재(魯齋), 자는 회지(會之)다. 천문·역사·지리·문자 등에도 뛰어났다. 저서는 8백여 권에 이르지만, 대부분 사라지고 《시의(時疑)》, 《서의(書疑)》, 《독역기(讀易記)》, 《노재집(魯齋集)》 등만 전한다.

섭채(葉采, 연대 미상)

호는 평암(平巖), 자는 중규(仲圭)이며 송나라 때 사람이다. 《근사록집해(近思錄集解)》를 썼다.

진백(陳柏, 연대 미상)

《송시기사(宋詩紀事)》에 자는 무경(茂卿)이며, 호는 남당(南塘)이라는 기록이 있다. 〈숙흥야매잠〉을 지었다. 송나라 말 원나라 초의 인물로 추정된다.

순서	그림	해설	내용 요약
제1 태극도	주돈이	주돈이	우주의 근원인 태극에서 음양과 오행을 거쳐 인간과 만물이 생겨나는 과정을 설명함.
제2 서명도	정복심	장재	상도는 이일분수(理一分殊), 즉 하나의 이치가 모든 사물에 나뉘어 나타난 것을 설명하고, 하도는 부모를 섬기는 것이 하늘을 섬기는 것이라고 설명함.
제3 소학도	이황	주희	《소학》을 통해 오륜을 비롯한 유교의 실천 규범에 대해 설명함.
제4 대학도	권근	《대학》경 1장 (공자의 유서)	《대학》의 경 1장을 통해 삼강령과 팔조목을 설명하고, 공부를 하는 과정과 효과에 대해 설명함.
제5 백록동규도	이황	주희	오륜의 규범과 오교의 가르침에 따른 학문의 요체를 설명함.
제6 심통성정도	상도 : 정복심 중도, 하도 : 이황	정복심	그림은 상·중·하의 세 개로 되어 있고, 사단칠정을 요약하여 설명함.
제7 인설도	주희	주희	인(仁)의 의미와 인의 실현에 대해서 설명함.
제8 심학도	정복심	정복심	몸의 주재인 마음과, 마음의 주재인 경(敬)의 구조를 밝혀 경이 심학의 근본임을 설명함.
제9 경재잠도	왕백	주희	심(心)을 중심에 두고, 경을 실천하는 세부 항목에 대해서 여러 가지 상황을 중심으로 설명함.
제10 숙흥야매잠도	이황	진백	경을 중심에 두고, 시간에 따른 공부 방법에 대해 설명함.

〈도표 : 성학십도의 구성과 내용〉

| 일 러 두 기 |

1. 성균관대학교 대동문화연구소에서 펴낸 《증보 퇴계전서(增補 退溪全書)》(1992)에 있는 《성학십도》를 기본 텍스트로 사용하여 풀어썼다.
2. 그림의 이해를 돕기 위해서 각 장마다 전체 내용을 요약하여 첫머리에 실었다.
3. 각각의 그림은 전체를 볼 수 있도록 한 다음, 그림을 읽기 쉽도록 나누어서 해석과 설명을 덧붙였다.
4. 어려운 개념은 풀어쓰고자 했지만 풀어쓰기 곤란한 개념은 본래의 의미를 살리고자 그대로 사용했다.
5. 자세한 설명이 필요한 부분은 주석으로 내용을 보충하였다.

《성학십도》를 올리는 이유

오직 옛 현인과 군자들이 성학을 밝히고 마음을 다스렸던 방법을 그림으로 그리고 설명을 붙여 사람들로 하여금 도에 들어가고 덕을 쌓도록 했던 것이 마치 해와 별처럼 이 세상을 밝히고 있습니다. 이에 신이 감히 이러한 그림과 설명을 전하께 드리어 옛 왕들이 음악으로 듣고 그릇에 새겨서 반성했던 뜻을 대신하고자 합니다.

《성학십도》를 올리는 이유

신(臣) 판중추부사(判中抽府事) 이황은 삼가 재배(再拜)하고 말씀을 올립니다. 제가 생각해 보니, 만물의 이치인 도(道)는 형체가 없고 하늘은 말이 없습니다. 하도(河圖, 복희씨 때 황하에서 나왔다는 그림으로 주역 팔괘의 근원)와 낙서(洛書, 낙수에서 나왔다는 거북 등에 새긴 글자)가 나오면서부터 성인이 이것을 근거로 괘효(卦爻, 주역의 구성 요소인 괘와 효)를 만들었고, 도가 비로소 이 세상에 드러나게 되었습니다. 그러나 도는 너무 넓고, 옛 성현들의 교훈은 너무 많기 때문에 어디서부터 공부를 시작해야 하겠습니까?

성인이 되기 위한 학문인 성학(聖學)에는 커다란 실마리가 있고, 마음을 수양하는 심법(心法)에는 지극한 요령이 있습니다. 이것을 드러내어 그림을 만들고, 그 그림에 해설을 붙여서 사람에게 '도에 들어가는 문'과 '덕을 쌓는 기초'를 보여 주는 것은 역시 후대의 현인들이 부득이하여 했던 것입니다.

임금의 마음은 나라의 모든 정사(政事)가 나오는 곳이며, 모든 책임이 돌아가는 곳입니다. 그런데 수많은 욕심들이 서로 공격하고, 모든 사악함이 번갈아가며 이 마음을 손상시키려고 합니다. 따라서 임금의 마음이 조금이라도 나태해지고 방종해진다면 산이 무너지고 바다가 넘치게 될 것이니, 누가 그것을 막을 수 있겠습니까?

옛날의 성스러운 임금과 현명한 왕들은 이것을 걱정하여 항상 조심하고 두려워하는 마음으로 하루하루를 지내면서도 여전히 부족하다고 생각했습니다. 그래서 스승을 만드는 관직을 세우고, 간쟁(諫諍, 임금에게 충고를 하는 일)하는 직책을 두었으며, 전후좌우에 임금을 모시는 직책을 두었습니다. 수레를 탈 때는 무술에 뛰어난 호위병이 보호하였고, 조회 때에는 벼슬아치 중 가장 지위가 높은 사람의 가르침이 있었습니다.

책상에 기대어 앉아 있을 때에는 성현의 교훈을 들려주는 신하가 있었고, 침실에서는 왕을 모시는 신하가 잠언(箴言, 교훈이 되고 경계가 되는 짧은 말)을 들려주었으며, 일을 처리할 때는 점을 쳐서 왕을 돕는 신하가 있었고, 평소에는 장인들이 일하며 왕을 도왔습니다. 뿐만 아니라 소반이라든가 밥그릇, 책상, 지팡이, 칼, 들창문에 이르기까지 눈길이 닿는 곳이나 몸이 거처하는 곳에는 어느 곳이나 경계하는 말을 걸어 두지 않은 곳이 없었습니다.

이처럼 자기의 마음을 유지하고 몸을 단속하는 데 최선을 다했던 것입니다. 그런 까닭에 임금의 덕과 위업이 날로 새로워지고 작은 과실조차 없게 되어 큰 이름을 남기게 되었던 것입니다.

후대의 군주들은 천명(天命)을 받아서 왕위에 올랐기 때문에 그 책임이 큰데도, 무슨 까닭인지 엄격하게 자신을 수양하지 않습니다. 그럼에도 불구하고 오히려 불손한 태도로 스스로 성인인 것처럼 행동하고, 오만한 태도로 왕공(王公)과 백성들 위에서 제멋대로 하고 있습니다. 그러니 그러다 나라가 망하게 된다 해도 어찌 이상한 일이겠습니까? 그러므로 이러한 시기에 신하가 되어 임금을 도리에 맞게 이끌려는 사람이 있다면 진실로 자신의 마음을 다하지 않을 수 없을 것입니다.

당나라의 장구령(張九齡)이 《금감록(金鑑錄)》을 올린 것과, 송경(宋璟)이 왕에게 《무일도(無逸圖)》를 드린 것과, 이덕유(李德裕)가 《단의육잠(丹扆六箴)》을 바친 것, 진덕수(眞德秀)가 《빈풍칠월도(豳風七月圖)》를 올린 것 등은 모두 임금을 사랑하고, 나라를 근심하는 충정과 선정을 베풀라는 간곡한 뜻에서 나온 것입니다. 그러니 어찌 임금께서 그 뜻을 깊이 새겨 따르지 않을 수 있었겠습니까?

저는 매우 어리석고 지극히 천박한 몸으로, 여러 임금들로부터 받은 은혜를 저버리고, 병든 몸으로 농촌에 살면서 초목과 함께 썩어가고자 하였습니다. 그런데 뜻하지 않게 저의 헛된 명성이 잘못 전해져 강연의 무거운 책임을 맡기시니 떨리고 황송하여 사양하고자 해도 피할 길이 없습니다.

이미 이 자리를 피할 수 없게 된 이상, 성학을 권장하고 전하의 덕을 도와 요순 시대의 융성함을 이룩하고자 하는 일은 비록 사양하고자 해도 할 수 없을 것입니다.

지난날을 돌아보면, 저는 학문이 부족하고 말솜씨도 없으며 질병까지 걸려서 시강(侍講, 임금을 모시고 강의를 하는 것)조차 제대로 하지 못했습니다. 더구나 날이 추워진 이후에는 그마저 완전히 그만두었으니, 저의 죄는 만 번 죽어도 마땅하다고 생각되어 걱정되고 두려운 마음을 둘 곳이 없습니다.

제가 엎드려 생각해 보니, 처음에 글을 올려 학문을 논한 것들이 이미 전하의 뜻을 감동시키지 못했고, 그 뒤에 직접 드린 말씀 또한 전하의 지혜에 도움을 드리지 못했기 때문에 부족한 저의 정성으로 어떻게 해야 할지 잘 모르겠습니다. 오직 옛 현인과 군자들이 성학을 밝히고 마음을 다스렸던 방법을 그림으로 그리고 설명을 붙여 사람들로 하여금 도에 들어가고 덕을 쌓도록 했던 것이 마치 해와 별처럼 이 세상을 밝히고 있습니다.

이에 신이 감히 이러한 그림과 설명을 전하께 드리어 옛 왕들이 음악으로 듣고 그릇에 새겨서 반성했던 뜻을 대신하고자 합니다. 이렇게 하는 것은 지나간 과거를 본받아 미래에 유익함이 있을 것이라 여겨서입니다.

이를 위해서 옛것 중에서 탁월한 것들을 선택한 것이 일곱 가지 그림입니다. 그 중에서 심통성정도(心統性情圖)는 정복심(程復心)의 그림을 바탕으로 제가 두 개의 작은 그림을 덧붙인 것입니다. 이 외에 세 개의 그림은 제가 만든 것이지만, 그 글의 세부 항목과 정리는 옛 현인들이 쓴 것이지 제가 새로 만든 것은 아닙니다. 이러한 것들을 하나로 합쳐서 《성학십도(聖學十圖)》를 만들었으며, 그림 아래에는 각각 저의 생각을 덧붙여 놓았습니다. 조심스럽게 글로 써서 전하께 바치옵니다.

그러나 추위와 질병 속에서 직접 이것을 만들다 보니, 눈이 어둡고 손이 떨려서 글씨가 바르지 못하고, 배열과 크기도 고르지 못합니다. 다행히 버리지 않으신다면 이것을 경연관에 내려보내 논의를 거쳐 보완하게 하시고, 글씨를 잘 쓰는 사람에게 바르게 쓰도록 하시기 바라옵니다.

그런 다음 그것을 해당 관서에 보내어 병풍을 만들도록 하시고, 그 병풍을 평소 머무시는 곳에 펼쳐 놓도록 하거나 또는 별도로 작은 수첩을 만들어 항상 책상 옆에 놓아 두고 평소 생활하시면서 살펴보고 경계하신다면 저의 간절한 뜻이 이보다 더 다행스러울 수가 없겠습니다.

이 그림이 가진 중요한 의미 가운데 부족한 부분은 제가 아래에서 보충하여 말씀드리겠습니다.

일찍이 다음과 같은 말을 들었습니다. 맹자는 "마음의 기능은 생각하는 것이다. 생각하면 이치를 깨닫게 되고 생각하지 않으면 깨닫지 못하게 된다."라고 하였고, 기자(箕子)가 무왕(武王, 주나라의 2대 왕이자 실질적인 창시자)을 위하여 《홍범(洪範)》을 지어서 설명할 때에도 "생각하면 총명하게 되고, 총명하게 되면 성스럽게 된다."라고 하였습니다.

무릇 마음이란 사방 한 마디밖에 안 되는 작은 가슴에 담겨 있지만, 아무것도 없이 텅 빈 듯하면서도 매우 신령스런 것입니다. 이 이치가 그림과 해설에 매우 분명하고 확실하게 드러나 있기 때문에 이 마음으로 분명하고 확실한 이치를 구한다면 마땅히 깨닫지 못하는 것이 없을 것입니다. 그렇기 때문에 '생각하면 이치를 깨닫게 되고, 총명하면 성스럽게 된다.'는 말을 어찌 오늘날이라고 해서 실현하지 못하겠습니까?

그러나 비록 마음이 텅 비고 신령스러울지라도 만약 자신이 주인이 되어 이끌어갈 수 없다면 일에 닥쳐서도 생각하지 못하게 되고, 이치가 확실하게 드러나더라도 만약 살펴볼 방법이 없다면 눈앞에 항상 있더라도 볼 수 없을 것입니다. 이것은 또한 이 그림 때문에 깊이 생각하는 것을 소홀히 해서는 안 된다는 것을 말합니다.

또한 들으니, 공자께서는 "배우기만 하고 생각하지 않으면 어두워지고, 생각하기만 하고 배우지 않으면 위태로워진다."라고 하였습니다. 학문이란 일을 잘 익혀서 진실하게 실천하는 것을 말합니다.

성인의 학문은 마음에서 찾지 않으면 어두워서 깨달을 수 없게 됩니다. 그러므로 반드시 생각해서 작은 부분까지 깨우쳐야 합니다. 또한 그 일을 익히지 않으면 위태로워서 불안하기 때문에 반드시 배워서 실천해야 합니다. 생각하는 것과 학문하는 것은 서로 계발시켜 주고 서로 도움을 주는 것입니다.

바라건대 전하께서는 이러한 이치를 깊이 통찰하시고 먼저 의지를 확립하여 "순임금은 어떤 사람이고 나는 어떤 사람인가? 선정을 펼치려는 의욕이 있는 사람이라면 역시 이와 같이 될 것이다."라고 생각하시어, 이 두 가지에 힘쓰도록 하셔야 합니다. 그리고 '지경(持敬, 공경하는 마음을 유지하는 것)'은 생각과 학문을 모두 갖추고, 움직임과 고요함을 일관되게 하며, 안과 밖을 일치시키고, 분명하게 드러난 것과 작아서 보이지 않는 것을 일관되게 하는 도리입니다.

지경을 행하기 위한 방법은 반드시 마음을 가지런하고 엄숙히 하며 고요하고 일관되게 유지하면서 이러한 이치를 배우고 묻고 생각하고 분별하는 가운데에서 궁리하는 것입니다. 또한 다른 사람이 보지 못하고 듣지 못하는 곳일지라도 스스로 경계하고 두려워하기를 더욱 엄숙하고 공경스럽게 하며, 숨어 있거나 어두운 곳에 혼자 있을 때라도 자신을 돌아보기를 더욱 세밀하게 하는 것입니다.

하나의 그림에 대해 생각할 때에는 오로지 그 그림에만 정신을 집중하여 마치 다른 그림이 있다는 사실을 모르는 것처럼 해야 합니다. 하나의 일을 익힐 때에도 오로지 그 일에만 정신을 집중하고 마치 다른 일이 있다는 것을 모르는 것처럼 해야 합니다. 아침부터 저녁까지 항상 그렇게 해야 하며, 오늘과 내일도 쉼 없이 계속 그렇게 해야 합니다.

때로는 우주의 기운이 맑은 새벽에 실마리를 찾아내서 느끼고 생각하거나, 일상생활 속에서 사람들을 만날 때에도 체험하면서 능력을 키우셔야 합니다.

이와 같이 하다 보면 처음에는 부자연스럽거나 모순되는 근심이 생기기도 하고, 때로는 힘들고 불쾌한 경우도 있을 것입니다. 그러나 이러한 것은 옛 사람들이 말했던 '앞으로 크게 발전하려는 기색이 나타나는 것'이며, 또한 '좋은 소식의 징조'이므로 절대로 이것 때문에 스스로 멈추어서는 안 됩니다. 그럴수록 더욱 자신감을 가지고 노력하여 참된 것을 많이 쌓고 오래도록 힘쓴다면, 자연스럽게 마음과 이치가 서로에게 영향을 주어 자기도 모르는 사이에 이해가 되고 통하게 될 것입니다. 또한 익혀야 할 것과 해야 할 일들이 서로 익숙하게 되어 점차로 순조롭고 편안하게 실현된다는 것을 알게 될 것입니다.

처음에는 각각 한 가지에 전념하던 것이 끝내는 모두 한 곳으로 화합될 것입니다. 이것이 진실로 맹자께서 말씀하신 "깊이 탐구하고 스스로 깨닫는" 경지이며, 살아 있는 동안에는 멈출 수 없는 경험입니다.

이에 따라서 부지런히 힘써 나의 재능을 다한다면 안회(顏回)의 '인을 어기지 않는 마음'과 '나라를 다스리는 사업'이 모두 그 가운데 있게 될 것이며, 증자(曾子)의 충서(忠恕, 스스로 정성을 다해 남의 사정을 헤아리는 것)로 일관하여 도를 전하는 책임이 자신에게 있게 될 것입니다.

두려워하고 공경하는 태도를 일상생활 속에서 지킨다면 중용과 조화, 그리고 만물이 제자리에서 잘 길러지는 공덕을 완성할 수 있을 것이며, 덕행이 인간의 도리에서 벗어나지 않으면 우주와 인간이 하나가 되는 천인합일(天人合一)의 경지도 알 수 있을 것입니다.

이에 그림을 그리고 해설을 붙여서 겨우 열 폭의 종이 위에 나열하였습니다. 이것들을 깊이 생각하고 익혀서 평소 한가롭게 계실 때에도 공부하신다면, 도를 깨달아 성인이 되는 핵심과 근본을 바로잡고 나라를 다스리는 근원을 모두 여기에서 찾으실 수 있을 것입니다.

오직 전하께서 정신을 가다듬고 의지를 굳건하게 하여 처음부터 끝까지 반복하시고, 하찮다고 소홀하게 여기거나 번거롭다고 버리지만 않으신다면, 이것은 나라에 있어서도 행운이며 백성들에게도 매우 다행스런 일입니다.

제가 감히 야인(野人)으로서 맛있는 음식과 따뜻한 햇볕을 바치는 정성[1]이 전하에 대한 모독임을 알면서도 이와 같이 글을 올립니다. 황송하고 송구한 마음뿐입니다.

---

[1] 옛날에 초야의 한 백성이 임금은 진수성찬을 먹고 따뜻한 의복을 입는다는 것을 모르고, 자신이 맛있다고 생각한 미나리를 바치고 겨울에 햇볕을 따뜻하게 쬐는 방법을 알려주려고 했다는 고사에서 나온 이야기다.

1

태극도(太極圖)

우주를 생성하는 원리는 무극(無極)이면서 동시에 태극(太極)이다. 태극이 움직여서 양(陽)을 낳는데, 그 움직임이 정점에 도달하면 고요한 상태가 되고, 고요한 상태에서 비로소 음(陰)을 낳게 된다. 그리고 고요한 상태가 정점에 도달하면 다시 움직이게 된다. 이렇게 한 번의 움직임과 한 번의 고요함이 서로 근거가 되어 음과 양으로 나뉘어져 두 가지의 모습이 된다.

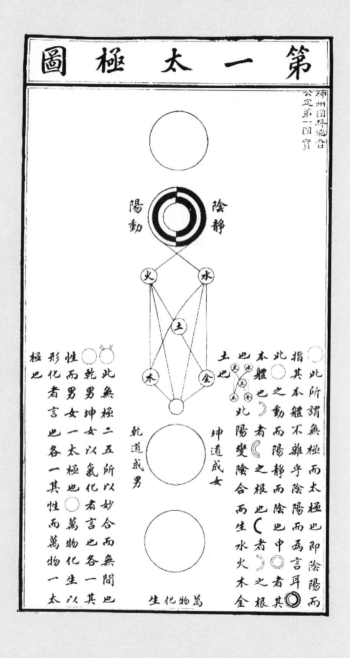

神州國光社合
公定第一圖實

陰靜　　陽動

火　　水

土

木　　金

土也

坤道成女

乾道成男

萬物化生

此所謂無極而太極也即陰陽而

指其本體不雜乎陰陽而為言耳

此○之動而陽靜而陰也中

○者本體也

○者之根也此

此●者之根

也此陽變陰合而生水火木金

此無極二五所以妙合而無間也

乾男坤女以氣化者言也各一其

性而男女一太極也○

形化者言也各一其性而萬物一太

極也

1. 태극도 – 우주의 원리를 이해하라

태극도(太極圖)는 염계 주돈이가 글과 그림을 모두 만든 것으로, 우주의 근원인 태극과 음양의 변화, 그리고 오행의 결합을 통해서 인간과 만물이 생성되는 과정을 설명하고 있다.

동양의 고대인들은 우주가 태극으로부터 생겨났다고 생각했다. 그리고 태극이 운동하면서 소극적인 '음'과 적극적인 '양'이라는 요소가 나오고, 여기에서 다섯 가지 물질인 수(水)·화(火)·목(木)·금(金)·토(土)의 오행(五行)이 생성되고, 이 오행이 서로 결합되어 인간과 만물이 생겨난다고 생각했다. 따라서 태극도는 단순하지만 우주의 근원과 만물의 생성 원리, 인간과 만물의 관계를 설명하고 있다는 점에서 가장 중요한 그림으로 평가된다.

그림으로 이해하는 태극도

태극도는 다섯 개의 영역으로 구분된다.

1.

제일 위에 있는 이 둥근 원은 '무극이태극(無極而太極)'을 나타낸다. 즉, 무극이면서 동시에 태극이라는 뜻으로, 무극과 태극은 같은 의미를 지닌다. 우주와 인간을 포함한 모든 만물이 만들어지는 근원자, 즉 원리라는

제第 1 태太 극極 도圖

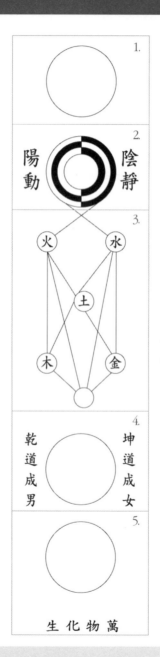

2. 陽動　◎　陰靜

3. 火　水　土　木　金

4. 乾道成男　坤道成女

5. 生化物萬

1-❶　2-❶　3-❶　4-❶　5-❶

此所謂無極而太極也即陰陽而
指其本體不雜乎陰陽而爲言耳
此 ○ 之動而陽靜而陰也中○者其
本體也 ☽ 者○之根也 ◑ 者☾之根
也　此陽變陰合而生水火木金
也　土也

此無極二五所以妙合而無間也
乾男坤女以氣化者言也各一其
性而男女一太極也 ○ 萬物化生以
形化者言也各一其性而萬物一太
極也

뜻이다. 이때의 태극은 음양이 나뉘어지기 전의 상태인 우주의 본체다.

1-① ○차소위무극이태극야 즉음양이지기본체부잡호음양이위언이
(○此所謂無極而太極也 卽陰陽而指其本體不雜乎陰陽而爲言耳)
○이 이른바 무극이면서 동시에 태극이라는 것이다. 음양을 향해 나아가지만 그 본체가
아직 음양과 섞이지 않은 것을 말한다.

2.

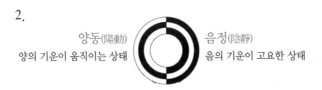

양동(陽動)
양의 기운이 움직이는 상태

음정(陰靜)
음의 기운이 고요한 상태

음과 양이 어우러져 있는 이 그림이 두 번째 영역이다. 원의 하얀 부분
은 양을 나타내고 검은 부분은 음을 나타낸다. 원을 좌우로 나눠서 보면
왼쪽은 양이 둘이고 음이 하나다. 그리고 오른쪽은 음이 둘이고 양이 하
나다. 오른쪽에 있는 한 개의 하얀 반원, 즉 양은 왼쪽에 있는 하얀 양의
근원이고, 왼쪽의 한 개의 검은 반원, 즉 음은 오른쪽 반원인 음의 근원이
다. 이 원의 왼쪽에는 '양동(陽動)'이라는 말이 쓰여 있고, 오른쪽에는 '음
정(陰靜)'이라는 말이 쓰여 있다. 양의 운동성이 극에 다다르면 점차 음으
로 변해가고, 음의 고요한 상태가 극에 다다르면 점차 양으로 변화된다.

2-① ◉차 ○지동이양 정이음야 중 ◎자 기본체야)자 ☾지근야 ☾자)지근야
(◉此 ○之動而陽 靜而陰也 中 ◎者 其本體也)者 ☾之根也 ☾者)之根也)
◉은 ○이 운동하여 양이 되고, 고요하여 음이 되는 것이다. 가운데의 ◎은 그 본체이
고,)은 ☾의 뿌리이며, ☾은)의 뿌리이다.

3.

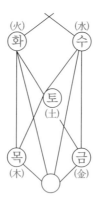

　세 번째 영역은 만물을 생성하는 다섯 가지 요소인 오행을 나타내고 있다. 수·화·목·금·토가 바로 오행이다. 오행은 양이 변화하고 음이 결합되어서 생성된다. 그 중에서 '토', 즉 흙이 중앙에 있는 까닭은 모든 만물이 흙에서 생겨나고 흙을 포함하지 않는 것이 없기 때문이다.

　서양의 고대 철학자인 엠페도클레스(Empedokles, B.C. 483~435)는 물·불·흙·공기의 4원소가 만물을 구성하는 성분이라고 하였고, 아리스토텔레스 역시 이 이론을 받아들여 발전시켰다. 이와 마찬가지로 고대 동양의 철학자들 역시 오행으로 만물이 구성된다고 보았다.

　오행은 상생(相生)과 상극(相剋)의 결합을 통해서 만물을 구성하게 된다. 예를 들어 물을 나타내는 '수'는 나무를 나타내는 '목'을 성장시켜 준다. 이러한 경우를 상생이라고 한다. 그와 반대로 물과 불은 서로 상극이다. 물로 불을 끌 수 있기 때문이다. 따라서 사람도 서로 상생의 관계에 있는 사람들이 만나면 좋은 관계가 되지만, 상극의 사람이 만나면 항상 싸우게 된다. 이와 같이 오행의 결합으로 만물과 인간까지 설명하는 것이 고대 동양 철학자들의 생각이었다.

다섯 개의 원 밑에 아무것도 쓰여 있지 않은 작은 원이 있는데, 이것은 무극과 음양과 오행이 오묘하게 결합된 상태를 가리킨다.

3-① ⚭차양변음합이생수화목금토야 ⚬차무극이오소이묘합이무간야
(⚭此陽變陰合而生水火木金土也 ⚬此無極二五所以妙合而無間也)
⚭은 양이 변하고 음이 합해져서 수·화·목·금·토의 오행을 생성하는 것이다.
⚬은 무극과 음양과 오행이 오묘하게 결합되어 간격이 없는 것이다.

4.

건도성남(乾道成男)
하늘의 도가 남성을 이루고

곤도성녀(坤道成女)
땅의 도가 여성을 이룬다

오행 밑에 다시 둥근 원이 나오는데, 둥근 원 왼쪽에는 '건도성남(乾道成男)', 오른쪽에는 '곤도성녀(坤道成女)'라는 말이 있다. '건도'는 하늘의 도를 말하고, '곤도'는 땅의 도를 말한다. 따라서 건도성남이란 하늘의 도가 남성을 이루고, 곤도성녀란 땅의 도가 여성을 이룬다는 말이다. 하늘은 양의 상징이고 인간으로 보면 남성에 해당하며, 땅은 음의 상징이고 인간으로 보면 여성에 해당한다.

그러므로 하늘은 남성을, 땅은 여성을 만들어 완성시킨다고 설명한 것이다. 인간이 바로 우주의 맑은 기운을 받고 태어나기 때문에 다음 그림인 만물이 생성되는 것보다 앞에 놓이게 된 것이다. 태극과 음양과

오행이 오묘하게 결합되어 남성과 여성을 만들고, 그들은 각각 하나의
본성을 부여받고 하나의 태극을 가지게 된다.

4-① ○건남곤녀이기화자언야 각일기성이남녀일태극야
　　(○乾男坤女以氣化者言也 各一其性而男女一太極也)
　　○은 '하늘의 도가 남성을 이루고 땅의 도가 여성을 이루는 것'에 대하여 기(氣)의 변화
　　를 가지고 말한 것이다. 각기 하나의 본성을 가지므로 남자와 여자도 각각 하나의 태
　　극을 가진다.

5.

만물화생(萬物化生)

　제일 밑에 나오는 둥근 원은 만물이 생성되는 것을 나타내는데, 둥근
원 밑에 '만물화생(萬物化生)'이라는 말이 바로 그것이다. 태극에서 음양
이 나오고, 다시 오행이 생성되며, 오행이 오묘하게 결합되어 인간과
만물을 만들어 낸다는 말이다. 만물도 역시 하나의 본성을 갖게 되고
하나의 태극을 가지게 된다.

5-① ○만물화생이형화자언야 각일기성이만물일태극야
　　(○萬物化生以形化者言也 各一其性而萬物一太極也)
　　○은 '만물이 변화하고 생성되는 것'에 대하여 형체의 변화를 가지고 말한 것이다. 각
　　기 하나의 본성을 가지므로 만물도 각각 하나의 태극을 가진다.

우주의 원리를 이해하라

　우주를 생성하는 원리는 무극이면서 동시에 태극이다. 태극이 움직여서 양을 낳는데, 그 움직임이 정점에 도달하면 고요한 상태가 되고, 고요한 상태에서 비로소 음을 낳게 된다. 그리고 고요한 상태가 정점에 도달하면 다시 움직이게 된다. 이렇게 한 번의 움직임과 한 번의 고요함이 서로 근원이 되어 음과 양으로 나뉘어져 두 가지 모습이 된다.

　양과 음이 서로 변화하고 합쳐지면서 수·화·목·금·토를 낳는데, 이 다섯 가지의 기운이 순조롭게 베풀어져 사계절이 운행된다. 오행이란 하나의 음양이며, 음양이란 하나의 태극이고, 태극은 본래 무극이다. 오행은 생성되면서 각각 하나의 본성을 갖게 되며, 무극과 음양과 오행의 정기가 오묘하게 결합하여 모여지면, 하늘의 도인 건도는 남성을 이루고, 땅의 도인 곤도는 여성을 이룬다. 음양의 두 기운이 서로 만나 반응하여 만물을 만들어 내고 변화시키며, 만물이 지속적으로 생성되어 변화가 끝없이 이루어진다.

　태극도는 우주 생성의 원리를 그림으로 그려 놓은 것이다. 이 그림에는 어려운 말들이 많이 나와서 이해하기 힘들지도 모른다. 그러나 개념을 이해하면서 그림을 보면 전체적인 내용을 이해하는 데 도움이 될 것이다.

먼저 태극이란 무엇인가? 우리나라 국기가 태극기라는 것은 누구나 아는 사실이다. 태극기를 보면 빨간색과 파란색으로 나뉘어져 있으며, 위와 아래로 구분되어 있다. 이것은 하늘과 땅, 그리고 음과 양을 상징한다. 하늘과 땅을 통해서 만물이 생겨나고 성장하는 것처럼, 만물은 음양의 조화에 의해서 생겨난다. 다시 말해 태극이란 만물을 생성하는 가장 근원적인 개념이다.

그런데 왜 무극이라는 말을 덧붙였을까? 태극이면 태극이지 왜 무극이라는 표현을 덧붙여서 설명했을까? 예를 들어 우주 만물을 만들어 내는 근원적인 힘을 태극이라고 한다면, 우리는 태극이라는 말 때문에 태극을 마치 눈에 보이거나 인식할 수 있는 것이라고 생각할지 모른다. 다시 말해 아주 작은 것에서 만물이 만들어지기 시작했다고 생각하기 쉽다는 말이다. 하지만 우주의 근원은 눈에 보이거나 만질 수 없고, 인간의 감각으로 알 수 없는 것이다. 그렇기 때문에 무극이라는 말을 통해서 그 의미를 알게 하기 위해 무극이면서 태극이라고 했던 것이다.

이 태극과 음양은 불가분의 관계다. 태극이 운동을 시작하면 먼저 양이 나오게 되고, 이것이 정점에 다다르면 다시 내려가게 된다. 상승 하강 곡선을 생각하면 쉽게 이해가 될 것이다. 곡선이 위로 올라가면 양이 일어나며, 곡선이 정점에서 다시 내려오기 시작하면 음이 생기기 시작한다. 그리고 상승 곡선의 끝 지점은 양이 최고조에 이른 상태다. 그 다음부터는 다시 내려오면서 음이 점차로 늘어나게 된다. 그리고 하강 곡선이 가장 아래에 이르면 다시 올라가게 되는데, 바로 이 지점이 음이 정점에 도달한 상태다. 이렇게 음양은 마치 곡선이 상승과 하강을 반복하듯, 반복해서 다섯 가지의 기운을 만들어 낸다. 그것이 바로 오행이다.

오행은 수·화·목·금·토를 말하는데, 동양의 옛 사람들은 이 다섯 가지가 만물을 만들어 내는 질료와 같은 것이라고 생각했다. 음양의 변화에 따라서 이 다섯 가지 기운이 생겨나고, 이 다섯 가지 기운이 서로 결합하면서 구체적인 사물로 태어나기 때문이다.

이때 하늘의 기운을 많이 받은 것은 양의 기운을 많이 받은 것이므로 남성과 같은 존재가 되고, 땅의 기운을 많이 받은 것은 음의 기운을 많이 받은 것이므로 여성과 같은 존재가 된다. 남성과 여성이 결합하여 아이가 태어나는 것처럼 만물도 양과 음의 결합으로 생겨난다. 이러한 음양의 두 기운이 끊임없이 반복되면서 만물은 지속적으로 태어나고 사라지는 현상을 반복하게 된다.

오직 인간만이 가장 우수한 것을 받아서 신령스럽다. 형체가 만들어지면서 정신이 지각(知覺)을 만들어 내고, 오행의 본성이 감동하여 선악이 나뉘어지고 모든 일이 나오게 된다. 이에 성인이 중정

(中正, 치우침이 없이 곧고 바름)과 인의(仁義)로 선악을 구분하고 모든 일을 정하며, 고요함을 중심으로 인간의 도를 세웠던 것이다. 그러므로 성인은 덕성이 천지와 일치하고, 밝음이 해와 달과 일치하며, 질서가 사계절과 일치하고, 길흉이 귀신과 일치한다.

군자는 바로 이러한 것을 잘 닦기 때문에 길하게 되고, 소인은 이러한 것을 따르지 않기 때문에 흉하게 된다. 그런 까닭에 "하늘의 도를 세워 음과 양이라 하고, 땅의 도를 세워 부드러움과 강함이라 하며, 사람의 도를 세워 인과 의라고 한 것이다."라고 하였다. 또 말하기를 "시작을 알고 끝을 돌이키면 죽음과 삶의 의미를 알게 된다."라고 했다. 위대하구나 역(易, 세상 만물이 변화하는 원리)이여, 이것이야말로 지극한 것이로구나!

그러면 인간은 어떤 존재인가? 인간이란 바로 음양의 기운에 의해서 태어난 존재다. 가장 맑고 깨끗하며 신령스런 기운을 받았기 때문에 인간이 된 것이다. 인간을 제외한 사물들은 인간보다 탁하고 나쁜 기운을 받아 태어나는 것이다. 그렇기 때문에 인간은 다른 사물보다 신령스런 존재로 인식된다. 그리고 인간의 형체가 갖추어지기 시작하면서 그 속에 사물을 인식하는 능력, 즉 지각하는 능력이 주어지게 된다.

성인은 인간 중에서 가장 뛰어나고 훌륭한 사람이다. 군자는 바로 성인이 되기 위해 덕을 쌓는 노력을 하는 사람이다. 그러나 이와 반대로 소인은 인간의 도리를 어기고 덕을 해치는 사람이다. 따라서 성인이 되기 위해서는 우주의 원리를 이해하고 인간의 도리를 실천해야 한다. 왜냐하면 인간은 우주의 한 부분이고, 만물과 동일한 근원에서 태어났기 때문이다. 삶과 죽음에 대해서도, 그 도리를 이해하면 죽음의 세계도 이해할 수 있다고 생각하는 것이 유가의 논리다.

"하늘의 도를 세워 음과 양이라 하고, 땅의 도를 세워 부드러움과 강함이라 하고, 사람의 도리를 세워 인과 의라고 하였다."는 말은 《주역(周易)》의 〈설괘전(說卦傳)〉 2장에 나오는 말로, 괘를 구성하는 요소가 위에서 말한 여섯 가지로 이루어졌다는 말이다. 여섯 가지의 근원이 하늘·땅·사람, 즉 천(天)·지(地)·인(人)인데, 이것은 우주를 구성하는 세 가지 요소로 삼재(三才)라고 한다. 하늘은 음과 양이라는 요소를, 땅은 부드러움과 강함이라는 요소를, 인간은 인과 의라는 요소를 가장 중요한 근원으로 삼는다는 의미다.

주자는 다음과 같이 설명했다.

도설(圖說, 그림에 대한 설명)의 앞부분에서는 음양에 의한 변화의 근원을 말하였고, 그 다음에는 인간의 타고난 성품을 밝혔다. 주렴계(주돈이)가 "오직 인간만이 가장 우수한 것을 받아서 신령스럽다."라고 한 말은 순수하고 지극히 선한 본성을 말한 것이니, 이것은 태극을 말한다. "형체가 만들어지면서 정신이 지각을 만들어 내게 되었다."는 말은 음양이 서로 움직여서 만들어지는 작용이다. "오행의 본성이 감동한다."는 말은 양과 음이 변화하고 합쳐지면서 수·화·목·금·토의 성(性)을 낳는다는 말이다.

"선과 악이 나누어진다."는 말은 남성을 이루고 여성을 이루는 상징이며, "모든 일이 나오게 된다."는 말은 만물이 변화하고 생겨나는 상징이다. "성인이 중정과 인의를 가지고 선악의 구분과 모든 일을 정하고, 고요함을 중심으로 해서 인간의 도를 세웠던 것이다."라고 한 데에 이르러서는, 태극의 전체를 얻어서 천지와 섞여 서로 간격이 없다는 의미가 된다. 그러므로 아래 글에서 또한 성인은 "천지(天地)·일월(日月)·사시(四時)·귀신(鬼神)"의 네 가지와 일치되지 않음이 없다고 한 것이다.

주자가 또 말하였다. 성인은 힘써 수양하지 않아도 저절로 된다. 군자는 스스로 이러한 경지에 이르지 못함을 알고 수양하기 때문에 길하게 되며, 소인은 이러한 경지를 알지 못할 뿐 아니라 도리어 그 도리를 거스르기 때문에 흉하게 될 수밖에 없다. 수양하느냐 거스르느냐는 공경함과 방자함의 차이에 있을 뿐이다. 공경하면 욕심이 적어지고 이치에 밝아진다. 욕심을 적게 하고 적게 하여 아무런 욕심이 없는 경지에 이르면, 고요할 때는 텅 빈 듯하고 움직일 때는 곧게 되어 성인을 본받아 배울 수 있게 될 것이다.

위의 글은 북송 시대의 유학자인 주렴계의 〈태극도설(太極圖說)〉에
대한 주자의 해석이다. 주자는 〈태극도설〉을 두 단계로 인식하였다.
첫 번째는 태극에서 음양과 오행으로 변화되기까지의 과정을 통해
우주의 본체를 설명한 부분이고, 두 번째는 인간의 타고난 성품을
밝힌 부분이다.

인간은 태극에서 생겨난 존재이지만, 만물 가운데서 가장 우수한
기운을 받았기 때문에 신령스런 존재가 된다. 그 가운데서도 인간의
완성자인 성인은 천지·일월·사시·귀신과 일치되는 존재다. 이것
은 곧 인간과 우주가 하나의 근원에서 나왔다는 뜻이며, 우주의 모
습과 일치하는 인간을 가장 이상적인 인간으로 보는 것이다. 그렇기
때문에 성인은 인간의 표준이 된다.

성인보다 조금 부족한 사람을 군자라고 하는데, 군자는 자신을 수
양하여 성인이 되고자 노력하는 사람이다. 이와 반대로 인간의 도리
를 어기고 수양하지 않는 사람은 소인이다. 따라서 군자는 항상 좋
은 방향으로 나아가고 소인은 결국 망하게 된다. 군자가 되거나 소
인이 되는 차이는 수양에 달려 있고, 수양하고 수양하지 않는 것은
오직 공경하는 마음과 태도에 달려 있다. 공경한다는 뜻의 '경(敬)'은
매우 중요한 것으로 《성학십도》 전체의 핵심 개념이기도 하다.

위의 내용은 주렴계가 스스로 만든 그림과 그 그림에 대한 설명

입니다. 평암 섭씨(섭채)는 "이 그림은 《주역》〈계사전(繫辭傳)〉에 실린 '역에 태극이 있는데 이것이 양의(兩儀)를 낳고, 양의가 사상(四象)을 낳는다.'는 뜻을 미루어 밝힌 것이다. 다만 《주역》에서는 괘효를 가지고 말하였고, 여기서는 조화를 가지고 말하였다."라고 하였습니다. 주자(주희)는 "이 도표는 도리의 큰 핵심이요, 또한 백세도술(百世道術, 영원한 도의 길)의 연원이다."라고 말하였습니다.

　지금 《성학십도》에서 〈태극도설〉을 첫머리에 놓는 것은 《근사록(近思錄)》에서 이 〈태극도설〉을 첫머리에 둔 의도와 같은 것입니다. 그러므로 성인을 본받아 배우고자 하는 사람은 여기서부터 단서를 찾아, 《소학(小學)》이나 《대학(大學)》과 같은 것에 힘써야 합니다. 그리하여 효과가 나타나는 날에 하나의 근원을 찾아 올라간다면, 이것이 이른바 《주역》에서 말하는 "이치를 연구하고 본성을 극진하게 하여 천명을 이해하게 된다."는 것이고, "신묘함을 다하고 우주의 조화를 알아서 덕이 왕성하게 된다."라고 하는 것입니다.

　이 부분은 퇴계가 〈태극도설〉의 배경에 대해 설명한 것이다. 《성학십도》에 나오는 열 개의 그림에 대한 설명은 항상 퇴계의 말로 마무리된다. 그리고 이 그림이 왕에게 바친 글이기 때문에 퇴계의 말은 높임말로 해석했다.

　유가의 경전 중에는 사서(四書)와 오경(五經)이 있는데, 《주역》은 바로 오경 가운데 하나다. 퇴계는 태극도의 연원이 《주역》이라는 책에서 시작되었다는 섭채의 말을 인용하고 있다. 인용문 가운데 '양의'라는 말은 바로 음과 양을 가리키는 것이고, '사상'은 태음(太陰)·태양(太陽)·소음(少陰)·소양(少陽)을 말하는 것이다. 이것은 음양을 세분하여 좀 더 강한 음과 양, 좀 더 약한 음과 양으로 분류한 것이다.

또한 《주역》은 효(爻)와 괘(卦)로 이루어져 있는데, '--'은 음을 나타내는 효이고, '―'은 양을 나타내는 효이다. 이 효 세 개가 모여서 괘를 이룬다. 예를 들면 '☰'은 양의 효가 세 개 모여서 이루어진 하나의 괘이고, '☷'은 음의 효가 세 개 모여서 이루어진 괘이다.

이러한 형태로 음과 양이 모여 기본적인 여덟 개의 괘를 만들고, 이 괘를 위아래로 다르게 결합시켜 64개의 괘를 만든다. 64개의 괘를 가지고 우주의 변화를 설명한 책이 바로 《주역》이다. 따라서 〈태극도설〉은 이러한 《주역》에 근거하고 있다.

뿐만 아니라 여러 학자들의 좋은 글만을 모아 주자와 여조겸(呂祖謙)이 편찬한 《근사록》의 첫머리도 〈태극도설〉로 시작한다. 그만큼 〈태극도설〉이 중요하다는 것을 의미한다. 퇴계도 이러한 까닭에 《성학십도》의 제일 첫머리에 〈태극도설〉을 실은 것이다.

조선 시대 학자들은 《근사록》을 반드시 읽어야 하는 책으로 여겼다. 그렇기 때문에 퇴계는 《근사록》의 첫머리에 나오는 〈태극도설〉을 통해 성인이 되기 위한 학문의 실마리를 찾고, 그 다음에 《소학》과

《대학》을 읽어서 학문을 점차 넓혀가야 한다고 생각했다. 이렇게 하면 우주 자연의 이치를 파악하고 인간의 본성을 실천하여 천명을 이해하게 되는 경지에 도달할 수 있으며, 자연의 변화와 만물의 조화를 깨달아 자신의 덕을 왕성하게 할 수 있다고 생각했기 때문이다.

인간은 우주의 변화 속에 자연과 함께 존재하며, 우주의 도리를 삶의 도리로 삼아 실천하고자 하는 존재가 되어야 한다. 이것이 바로 성인이 되는 길이다.

2

서명도(西銘圖)

하늘을 아버지라 부르고, 땅을 어머니라 부른다. 나는 매우 작은 존재로서 그 가운데에 자리잡고 있다. 그러므로 천지 사이에 충만한 것이 내 몸이요, 천지를 이끄는 것은 나의 본성이다. 모든 백성들이 다 나의 동포요, 만물은 나와 같은 존재다.

第二西銘圖

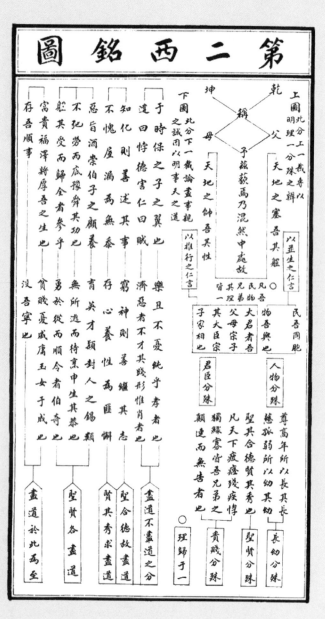

2. 서명도 – 천지 만물과 하나가 되어라

서명도(西銘圖)는 북송 때 사람인 장횡거(장재)가 쓴 〈서명(西銘)〉을 보고 원나라 때 사람인 정복심이 그림으로 그린 것이다. 〈서명〉의 원래 제목은 〈정완(訂頑)〉이었다. 즉, '어리석음을 바로잡다.' 또는 '완고함을 바로잡다.'라는 뜻이다.

서명도는 상도(上圖)와 하도(下圖)의 두 부분으로 나누어져 있다. 상도는 '이일분수(理一分殊)'에 대하여 설명하고 있으며, 하도는 자식이 부모를 섬기는 것처럼 천지를 섬기라고 설명하고 있다. '이일분수'란 성리학에서 중요하게 다루는 개념이다. 여기서 '이일'이란 만물은 하나의 원리에서 나왔다는 뜻이고, 이것이 각각의 사물들로 나뉘는 것을 '분수'라고 한다.

천지를 부모로 둔 것은 모든 만물이 똑같다. 인간도 부모로부터 태어나기 때문에 부모와 가장 가깝다. 그리고 형제와 친척과 이웃이 있다. 이렇게 천지에서 부모, 부모에서 형제와 친척, 친척에서 이웃으로 나아가는 것이 바로 이일에서 분수로 나아가는 것이다. 그러므로 "모든 백성들이 다 나의 동포요, 만물은 나와 같은 존재다."라고 설명하고 있다.

‖ 그림으로 이해하는 서명도 ‖

1. 상도(上圖)

차분상일절 전이명리일분수지변(此分上一截 專以明理一分殊之辨)
이곳은 서명의 윗부분을 나누어서 이일분수의 분별을 밝힌 것이다

상도를 영역별로 나누어 보면 다음과 같다.

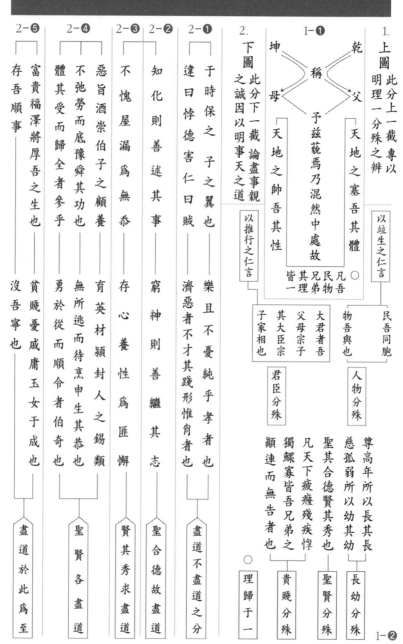

1-① 여기서는 모든 이치가 하나의 근원에서 나왔다는 '이일(理一)'을 설명하고 있다. 그림에 나오는 글을 분석하면 다음과 같다.

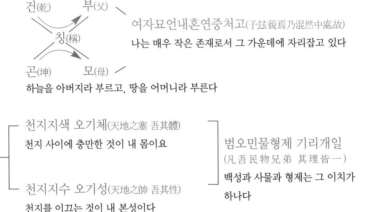

건(乾)   부(父)

칭(稱)

곤(坤)   모(母)

하늘을 아버지라 부르고, 땅을 어머니라 부른다

여자묘언내혼연중처고(予玆藐焉乃混然中處故)
나는 매우 작은 존재로서 그 가운데에 자리잡고 있다

천지지색 오기체(天地之塞 吾其體)
천지 사이에 충만한 것이 내 몸이요

천지지수 오기성(天地之帥 吾其性)
천지를 이끄는 것이 내 본성이다

범오민물형제 기리개일
(凡吾民物兄弟 其理皆一)
백성과 사물과 형제는 그 이치가
하나다

위의 그림에서 보듯이 모든 만물은 하늘을 아버지로, 땅을 어머니로 하여 태어난다. 그러므로 만물을 구성하고 있는 몸과 본성도 천지를 근원으로 해서 만들어지는 것이다. 이런 이치를 '이일'이라고 한다.

1-② 이러한 이일의 원리는 다시 '이병생지인언(以竝生之仁言)'과 '이추행지인언(以推行之仁言)'의 두 갈래로 나누어지는데, 인물분수(人物分殊)가 전자에 속하며, '군신분수(君臣分殊)', '장유분수(長幼分殊)', '성현분수(聖賢分殊)', '귀천분수(貴賤分殊)'가 후자에 속한다.

이병생지인언(以竝生之仁言) 함께 산다는 측면에서 인을 말하면

민오동포(民吾同胞)
모든 백성은 나의 동포요

인물분수
(人物分殊)
사람과 사물의 다름

물오여야(物吾與也)
만물이 나와 더불어 같은 존재다

이추행지인언(以推行之仁言) 미루어 실천한다는 측면에서 인을 말하면

대군자 오부모종자 기대신 종자가상야
(大君者 吾父母宗子 其大臣 宗子家相也)
임금은 내 부모의 맏아들이며, 대신은 맏아들의 집안일을
돌보는 집사다

군신분수
(君臣分殊)
임금과 신하의 다름

존고년 소이장기장 자고약 소이유기유
(尊高年 所以長其長 慈孤弱 所以幼其幼)
나이 많은 사람을 존경하는 것은 모든 어른을 어른으로
대접하는 것이요, 외롭고 약한 사람들을 사랑하는 것은
모든 아이를 아이로 대하는 것이다

장유분수
(長幼分殊)
어른과 아이의 다름

성기합덕 현기수야
(聖其合德 賢其秀也)
성인은 그 덕이 천지와 더불어 일치하는 사람이고
현인은 보통 사람보다 뛰어난 사람이다

성현분수
(聖賢分殊)
성인과 현인의 다름

범천하피륭잔질경독환과 개오형제지전연 이무고자야
(凡天下疲癃殘疾惸獨鰥寡 皆吾兄弟之顚連 而無告者也)
천하의 허약하고 병든 사람, 형제 없는 사람, 자식 없는 사람, 홀아
비나 과부 같이 의지할 곳 없는 사람들은 모두 나의 형제 가운데
서도 어려운 처지에 있으면서 하소연할 데 없는 사람들이다

귀천분수
(貴賤分殊)
귀한 사람과
천한 사람의 다름

○ 이귀우일(理歸于一)
이치는 하나로 귀결된다

이상은 모두 '분수'에 대해서 설명한 것이다. 즉, 근원은 하나지만 서로 나뉘어서 달라지는 것을 설명한 것이다. 천지의 본성이 바로 '인'인데 이 인은 '함께 산다는 측면'에서는 사람과 만물로 나뉘어지며 '미루어 실천한다는 측면'에서는 임금과 신하, 어른과 아이, 성인과 현인, 귀한 사람과 천한 사람으로 각각 나뉜다. 그리고 맨 마지막에 이러한 이치들은 하나로 귀결된다는 '이귀우일(理歸于一)'이라는 말로 상도를 결론짓는다.

2. 하도(下圖)

차분하일절 논진사친지성 인이명사천지도
(此分下一截　論盡事親之誠　因以明事天之道)
이곳은 서명의 아랫부분을 나누어서 어버이를 섬기는 정성을 극진하게 하여 하늘을 섬기는 도리를 밝히는 것에 대해 논한 것이다

하도는 '어버이를 극진하게' 섬기듯이 '하늘을 극진하게' 섬겨야 한다는 이일분수의 실천적 의미를 다섯 가지로 나누어 설명하고 있다.

2-① 우시보지 자지익야 - 낙차불우 순호효자야
(于時保之 子之翼也　樂且不憂 純乎孝者也)
하늘의 뜻에 따르며 천명을 잘 보존하는 사람은 천지를 공경하는 사람이요, 즐거워하고 또한 근심하지 않는 사람은 효성이 두터운 사람이다

위왈패덕 해인왈적 - 제악자부재 기천형유초자야
(違曰悖德 害仁曰賊　濟惡者不才 其踐形惟肖者也)
천명을 어기는 것을 패덕이라 하고, 인을 해치는 것을 적이라고 한다. 악한 일을 하는 사람은 바탕이 없는 사람이며 타고난 모습대로 실천하는 사람이 효자다

진도부진도지분
(盡道不盡道之分)
도를 극진하게 하는 것과 극진하게 하지 못하는 것을 구분함

2-② 지화즉선술기사 - 궁신즉선계기지 ──── 성합덕고진도
(知化則善述其事　窮神則善繼其志)　　　　　(聖合德故盡道)

천지의 변화에 대해서 알면 천지의 일을 잘 이어갈 것이요　　성인은 천지와 덕이
신명을 다하면 천지의 뜻을 잘 계승할 것이다　　　　　　　일치하기 때문에 도를
　　　　　　　　　　　　　　　　　　　　　　　　　　　극진하게 함

2-③ 불괴옥루위무첨 - 존심양성위비해 ──── 현기수구진도
(不愧屋漏爲無忝　存心養性爲匪懈)　　　　　(賢其秀求盡道)

아무도 없는 방 안에서도 부끄럽지 않게 행동하는 것이 부　현인은 빼어나기 때문
모를 욕되게 하지 않는 것이며, 마음을 보존하고 본성을　에 도를 극진하게 할
잘 기르는 것이 부모를 섬기는 데 소홀하지 않는 것이다　것을 추구함

2-④ 오지주 숭백자지고양 - 육영재 영봉인지석류 ─┐
(惡旨酒 崇伯子之顧養　育英材 潁封人之錫類)

맛 좋은 술을 싫어한 것은 우왕이 어버이를 돌보는 것과
같고, 영재를 기르는 것은 영고숙이 다른 사람들조차 효
자로 만드는 것과 같다

불이로이저예 순기공야 - 무소도이대팽 신생기공야　　　성현각진도
(不弛勞而底像 舜其功也　無所逃而待烹 申生其恭也)　　　(聖賢各盡道)

고생스러운 가운데서도 효성을 게을리 하지 않고 부모를　성인과 현인이 각각
기쁘게 한 것은 순임금의 공로이며, 도망치지 않고 죽기　도를 극진하게 함
를 기다렸던 것은 신생의 공경함이다

체기수이귀전자 삼호 - 용어종이순령자 백기야 ─┘
(體其受而歸全者 參乎　勇於從而順令者 伯奇也)

부모에게서 받은 신체를 죽을 때까지 온전하게 보존한
사람은 증자였고, 부모의 말을 따르는 데 용감하여 명령
에 순종했던 사람은 백기였다

2-⑤ 부귀복택 장후오지생야 – 빈천우척 용옥녀우성야
(富貴福澤 將厚吾之生也　貧賤憂戚 庸玉女于成也)
부귀와 행복은 장차 나의 삶을 두텁게 할 것이며, 가난함과
근심 걱정은 너에게 시련을 주어 자신을 완성하도록 갈고 닦
아 줄 것이다

존오순사 ── 몰오녕야
(存吾順事　沒吾寧也)

살아 있는 동안에 나는 부모에게 순종하며 섬길 것이며
죽을 때는 편안하게 돌아갈 것이다

〈진도어차위지
(盡道於此爲至)
도를 극진하게 하는
것이 여기에서 지극
하게 됨

천지 만물과 일체가 되어라

하늘[건(乾)]을 아버지라 부르고, 땅을 어머니라 부른다. 나는 매우 작은 존재로서 그 가운데에 자리잡고 있다. 그러므로 천지 사이에 충만한 것이 내 몸이요, 천지를 이끄는 것은 나의 본성이다. 모든 백성들이 다 나의 동포요, 만물은 나와 같은 존재다. 임금은 내 부모의 맏아들이며, 대신(大臣)은 맏아들의 집안일을 돌보는 집사다. 나이 많은 사람을 존경하는 것은 모든 어른을 어른으로 대접하는 것이요, 외롭고 약한 사람들을 사랑하는 것은 모든 아이를 아이로 대하는 것이다. 성인은 그 덕이 천지와 더불어 일치하는 사람이고, 현인은 보통 사람보다 뛰어난 사람이다. 천하의 허약하고 병든 사람, 형제가 없는 사람, 늙어서 자식 없는 사람, 홀아비나 과부 같이 의지할 곳 없는 사람들은 모두 나의 형제 가운데서도 어려운 처지에 있으면서 하소연할 데 없는 사람들이다.

〈서명〉이란 본래 장횡거가 자신이 공부하는 곳의 양쪽에 써 붙여놓은 글 가운데 하나다. 〈동명〉과 함께 짝을 이루는데, 〈서명〉의 글이 아름답고 의미가 깊어 많은 사람들이 〈서명〉의 가치를 높게 쳤다.

많은 학자들이 〈서명〉에 대해서 논하고 있는데, 그 내용은 두 가지로 요약된다. 첫 번째는 '이일분수(理一分殊)'요, 두 번째는 '인(仁)'이다. 즉, 서명의 전체 요지는 인을 실천하는 방법에 대한 설명이다. 그것을 성리학 용어로 표현한 것이 바로 '이일분수'다.

특히 〈서명〉에 나오는 내용 중에 '민오동포(民吾同胞) 물오여야(物吾與也)'라는 말은 "모든 백성들이 다 나의 동포이고, 만물이 나와 더불어 같은 존재다."라는 의미로, 〈서명〉의 주제를 한 눈에 보여 주는 말이다. 유가의 인이 바로 이러한 의미이며, 이일분수는 바로 이러한 것을 기본 토대로 한다.

그러면 이일분수란 무엇인가? 만물이 존재하게 되는 가장 근원적인 이치는 하나지만[이일(理一)], 각기 서로 다른 모습으로 존재하고[분수(分殊)], 서로 다른 모습일지라도 모두 하나의 이치에서 생겨난다는 말이다. 인간과 사물은 모두 하나의 근원에서 나온 존재이지만, 겉모습과 형태는 다르다. 즉, 모든 인간을 똑같이 사랑하는 것이 인간의 본래 성품이지만, 인간은 가깝고 먼 차이에 따라서 사랑을 베푸는 것이 다르다.

나와 가까운 가족이면 남보다 더 사랑하게 되고, 나와 먼 사람이면 내 가족보다 덜 사랑하게 되는 것이 자연스런 이치다. 그러나 여기서 머무르는 것이 아니라 그 사랑을 내 부모에게서 남에게로 확대시켜 나가고, 내 아이들을 사랑하는 마음을 남의 아이들에게까지 확대시켜 나가야 한다는 것이다. 이것이 바로 인이며, 이일분수다. 한 사람에서 만 명의 사람으로, 만 명의 사람에서 한 사람으로 확대되고 귀결된다는 것을 이해해야 한다는 말이다.

그러므로 하늘과 땅을 부모로 여기는 인간이 어찌 이기적인 존재로 남아 있겠는가? 〈서명〉은 이러한 우주의 생성 원리를 토대로 인간과 만물은 하나이며, 모든 인류는 한 동포임을 주장한다. 하지만 집안에는 부모와 형제가 있고, 나라에는 임금과 신하가 있으며, 사회에는 어른과 아이가 있다. 천지를 부모로 여기는 입장에서는 모두 한 가족이지만, 각자의 가정과 사회에서는 서로 다른 역할을 하게 된다. 이것이 '분수'를 이루는 부분이다. 임금과 신하, 어른과 아이, 성인과 현인, 귀함과 천함으로 각각 그 부분에서 자신의 역할을 충실하게 해야 한다는 의미다. 그렇게 되면 모든 것은 처음처럼 하나가 될 것이다.

하늘의 뜻에 따르며 천명을 잘 보존하는 사람은 천지의 아들로서 천지를 공경하는 사람이요, 즐거워하고 또한 근심하지 않는 사람은 효성이 두터운 사람이다. 이와 달리 천명을 거역하는 것을 패덕(悖德, 지켜야 할 덕을 해침)이라 하고, 인을 해치는 것을 적(賊, 악한 무리)이라고 한다. 악한 일을 하는 사람은 바탕이 없는 사람이며, 타고난 모습대로 실천하는 사람이 효자다.

천지의 변화에 대해서 알면 천지의 일을 잘 이어갈 것이요, 신명(神明)을 다하면 천지의 뜻을 잘 계승할 것이다. 아무도 보지 않는 방

안에서도 부끄럽지 않게 행동하는 것이 부모를 욕되게 하지 않는 것이며, 마음을 보존하고 본성을 잘 기르는 것이 부모를 섬기는 데 소홀하지 않는 것이다.

천명이란 무엇일까? 고대에는 하늘을 인간과 만물을 만들어 내는 존재라고 생각했다. 따라서 하늘이란 만물의 근원이면서 동시에 인간에게 명령을 내리거나 인간의 행위를 감시하는 존재로 여겨졌다. 또한 하늘의 의지를 드러내는 것을 '명(命)'이라고 하는데, 인간은 하늘로부터 생명을 받았기에 천명을 지켜야 했다. 이러한 천명을 잘 따르고 지키는 사람은 부모의 말을 잘 따르는 자식과 같다. 그러나 이와 반대로 천명을 어기는 사람은 부모의 말을 거스르는 사람과 같아서 어질지 못한 사람이 된다.

천명이 인간의 마음으로 들어오면 본성이 되는데, 하늘은 착한 존재이기 때문에 그것을 본받은 인간의 마음이나 본성도 착하다. 따라서 악한 일을 하는 사람은 자기의 본성을 어기는 사람이다. 타고난 선한 본성을 그대로 실현해야 바람직한 인간이 된다.

인간은 남이 보지 않으면 게을러지고, 부끄러운 일도 서슴없이 하게 된다. 예를 들어 책상에 앉아서 공부하다가 조금 있으면 침대에 기대고 싶고, 그러다가 조금 더 시간이 지나면 누워서 잠이 들고 만다. 사람의 본성이 언제나 맑은 것은 아니다. 거울을 닦지 않으면 먼

지들이 붙어서 더러워지는 것처럼 인간의 본성도 유혹에 빠져 더럽
혀지기 쉽다. 그렇기 때문에 항상 깨끗하게 닦아 주고 맑게 유지해
야 한다.

이렇게 하늘의 명을 따라 착한 본성을 지키며 언제 어디서나 스스
로 닦아 나가는 과정이 하도에서 말하는 '도를 극진하게 하는 것'이
며 '성인과 현인의 도리를 따르는 것'이다.

맛 좋은 술을 싫어한 것은 우왕(禹王)이 어버이를 돌보는 것과 같
고,[1] 영재를 기르는 것은 영고숙이 다른 사람들조차 효자로 만드는
것과 같다.[2] 고생스러운 가운데서도 효성을 게을리 하지 않고 부모
를 기쁘게 만든 것은 순임금의 공로이며,[3] 도망치지 않고 죽기를
기다렸던 것은 신생의 공경함이며,[4] 부모에게서 받은 신체를 죽을

---

[1] 옛날에 의적이 맛있는 술을 만들었는데, 우왕은 그 술을 먹어 보고 이 술 때문에 나라를 망
하게 할 사람이 있을 것이라고 하며 술을 끊었다. 그 이유는 술 때문에 부모를 돌보지 않게
되고, 결국은 나라를 망치게 될 것이기 때문이었다.

[2] 춘추 시대 정나라의 임금인 장공은 어머니에게 미움을 받았는데, 어머니가 동생과 함께 반
란을 일으키고 말았다. 장공은 어머니를 차마 죽이지는 못하고 지하에 가둔 뒤 죽을 때까
지 만나지 않기로 결심했다. 그러나 시간이 지나면서 장공은 어머니를 그리워하며 잠을 이
루지 못했다. 이때 효자로 잘 알려진 신하 영고숙이 장공을 찾아가 땅굴을 파고 어머니를
만난다면 저승에서 만나는 것과 같다고 일러 주었다. 이로부터 모자의 정이 다시 회복되었
다. 이렇게 영고숙은 자신의 효성을 통해서 다른 사람에게까지 효를 실천하게 했다.

[3] 어리석은 순의 아버지는 후처만 좋아하고 순은 좋아하지 않았다. 그리고 악랄한 순의 계모
는 이복동생과 함께 순을 죽이려 하였다. 그러나 순은 끝까지 부모를 효로써 봉양하고 자기
를 죽이려 했던 이복동생마저 감동하게 만들어 화목한 가정을 이루었다. 그리고 요임금을
이어서 덕으로 나라를 다스리는 성군이 되었다.

때까지 온전하게 보존한 사람은 증자였고,[5] 부모의 말을 따르는 데
용감하여 명령에 순종했던 사람은 백기였다.[6]

여기에 인용된 인물들은 모두 부모에게 극진하게 효도했던 사람
들이다. 부모의 말에 순종하거나 부모를 욕되게 하지 않으려고 목숨
까지 아끼지 않은 것을 보면 요즘 세상과는 많이 다르다는 생각을
하게 된다. 부모로서 자식을 사랑하는 것이 마땅한 일이라면, 자식
이 부모를 존경하고 사랑하는 것도 역시 마땅히 해야 할 일이다. 부
모에게 효도하는 것은 인간으로서 당연히 해야 할 도리이며, 서명도
의 하도에 있듯이 이것은 성현이 도를 극진하게 받드는 일과 실천적
으로 연결되어 있다.

---

4) 진나라의 헌공이 여희의 모함으로 태자인 신생을 죽이려 하였다. 어떤 사람이 변명을 하라
  고 했으나 신생은 거절하였고, 다른 나라로 도망가라고 권했으나 역시 듣지 않았다. 그리
  고 마침내 자살을 하고 말았다. 신생이 죽은 뒤에 그의 시호를 공(恭)이라고 하였다. 어려움
  에 처하여 목숨을 바쳐도 흔들리지 않음이 이와 같으면, 하늘을 공경하는 마음이 신생의
  공과 같다는 말이다.
5) 증자는 공자의 제자로 효성이 지극한 사람이었다. 죽을 때가 되었을 때 제자들을 불러 놓
  고 "이불을 걷고 내 발과 손을 보아라. 시경에 '전전긍긍하며 깊은 연못에 있는 듯하고 살
  얼음을 밟는 듯이 한다.'고 했는데, 이제야 나는 (행여 몸이 다칠까 하는 근심에서) 벗어난 것을 알
  겠다."라고 말하였다. 신체를 죽을 때까지 잘 보존할 수 있었던 것을 증자는 지극한 효성으
  로 여겼다.
6) 백기의 아버지 윤길보(尹吉甫)는 후처의 말을 듣고 백기를 내쫓았다. 그러자 아버지의 뜻을
  어길 수 없었던 백기는 다음 날 아침 들판에 나가 거문고를 타며 '이상조(履霜操)'라는 노래
  를 부르다가 강물에 빠져 죽었다고 한다.

부귀와 행복은 장차 나의 삶을 두텁게 할 것이며, 가난함과 근심 걱정은 너에게 시련을 주어 자신을 완성하도록 갈고 닦아 줄 것이다. 살아 있는 동안에 나는 부모에게 순종하며 섬길 것이며, 죽을 때는 편안하게 돌아갈 것이다.

사람은 누구나 부자가 되거나 높은 자리에 앉기를 바란다. 이러한 부와 명예는 삶을 풍요롭게 해 주고 편리하게 만들기 때문에 가질수록 더 많이 갖고 싶은 욕심이 생긴다. 따라서 정당한 방법으로 부자가 되거나 높은 자리에 앉는 것은 바람직한 일이다. 하지만 부자가 되기 위해서 세금을 내지 않거나 남의 것을 빼앗는 사람은 바람직한 삶을 사는 것이 아니다. 그런데 어느 사회나 이러한 사람들이 많아서 항상 문제가 된다. 정직하게 사는 사람은 가난하거나 어려운 경우가 많고, 나쁜 방법으로 자신만을 위해 사는 사람은 부와 명예를 누리는 경우가 많다.

그러나 가난하거나 어려운 환경에서 사는 것이 항상 나쁜 것만은 아니다. 그것을 극복하고자 노력하면 자신을 완성시켜 나갈 수 있기 때문이다. 사람에게는 누구나 시련이 닥친다. 시련을 극복하지 못하면 남의 모범이 될 수 없다. 공자나 맹자는 어려서부터 가난했고, 홀어머니 밑에서 어렵게 성장했지만 훌륭한 성인이 되었다. 고난과 역경 속에서도 항상 자신을 갈고 닦는 것, 이것이 바로 '도를 극진하게 하여 지극하게 하는 것'이다.

주자가 말했다. "〈서명〉이란 정자(程子, 정이·정호 형제)가 '이는 하나[일이]인데 다양하게 나뉘어져 서로 달라지는 것[분수]'을 밝힌 것이다. 생명이 있는 모든 사물 중에서 하늘을 아버지로 삼고, 땅을 어머니로 삼지 않은 것이 없다. 이것이 이른바 '이는 하나'라는 것이다. 그러나 사람과 사물이 태어날 때 혈맥이 있는 모든 것들은 각각 자기 어버이를 어버이로 섬기고 자기 자식을 자식으로 여기니, 그 구분이 어찌 같겠는가?

하나로 통일되어 있으면서도 만 가지로 다르기 때문에, 비록 천하가 한 집안과 같고 중국의 모든 사람이 한 사람과 같더라도 겸애(兼愛, 누구나 똑같이 사랑하는 마음)의 폐단으로 흐르지 않는 것이다. 만 가지로 다르면서도 하나로 통하기 때문에, 비록 친근한 정과 소원한 정 사이에 차이가 있고, 귀하고 천한 등급의 차이가 있더라도 자기 자신만을 위하는 이기심에 치우치지 않는 것이다. 이것이 바로 〈서명〉의 요지다.

'어버이를 사랑하는 두터운 마음을 미루어 무아(無我, 개인적인 욕심을 갖지 않는 것)의 공덕을 크게 하고, 어버이를 섬기는 정성으로 하늘을 섬기는 도리를 밝히는 것'을 잘 관찰한다면 어디를 가든지 나뉨이 있으면서도 하나의 이치로 모아질 것이다."

또 말하였다. "〈서명〉의 앞부분은 바둑판 같고, 뒷부분은 사람이 바둑을 두는 것과 같다."

주자는 〈서명〉의 요지를 설명하면서 모든 존재하는 것들은 하늘과 땅을 부모로 삼고 있다고 했다. 그러므로 모두가 한 가족이며 한 형제다. 귀하고 천한 차이가 있더라도 개인적인 욕심에 빠지지 않는다면 모두 한 집안처럼 편안할 것이다. 그렇지만 만물에는 서로 차이가 있으므로 모두 똑같게 사랑할 수는 없다. 그래서 주자는 묵자가 '모두를 사랑하라(겸애).'고 주장한 것은 옳지 않다고 보았다. 또한 주자는 〈서명〉의 요지를 바둑판과 바둑을 두는 것에 비유했다. 바둑판은 이미 그려져 있지만 바둑을 두는 사람에 의해서 모습이 달라지는 것처럼 천지에 의해 태어난 인간도 그 삶은 스스로 만들어 갈 수 있다는 뜻이다.

양구산(楊龜山, 양시)이 말하였다. "〈서명〉은 이치는 하나지만 나뉘어져 다양하게 되는 '이일분수'를 설명하고 있다. 이치가 하나임을 알기 때문에 인을 행하게 되고, 나뉘어져 서로 달라지는 것을 알기 때문에 의를 행하게 되는 것이다. 이것은 마치 맹자가 '어버이를 사랑한 다음에 백성을 사랑하고, 백성들을 사랑한 다음에 만물을 사랑한다.'라고 말한 것과 같다. 나뉘어짐이 다르기 때문에 베푸는 것에도 차이가 있는 것이다."

요로(饒魯)가 말하였다. "〈서명〉의 앞부분은 사람이 천지의 자식임을 밝힌 것이며, 뒷부분은 사람이 천지를 섬기는 것이 자식이 부모를 섬기는 것과 같아야 함을 말한 것이다."

양구산은 북송 때의 성리학자로 정자 형제에게서 학문을 배웠다. 특히 정호의 우주관을 계승하였다. 그는 〈서명〉을 이일분수로 해석하였는데, 이일분수란 보편과 특수의 관계로 설명할 수 있다. 모든 사물은 이(理)라는 보편적 원리로부터 나와서 각기 다른 특수성을 가지게 된다. 다시 말해 '천지를 부모로 여기는 것'은 모든 만물이 천지에서 나왔다는 보편성을 이야기한 것이고, '인간과 만물이 각기 다르게 존재하는 것'은 기(氣)의 특수성 때문이라고 양구산은 해석하였다.

요로는 남송 시대의 학자로, "사람은 천지의 자식이므로 자기 부모를 섬기듯 천지를 섬기라."는 내용으로 〈서명〉의 앞과 뒤가 구성되었다고 설명하였다. 이것 또한 이일분수와 같은 의미인데, 다만 분수로 나뉜 부분에서도 정성을 다해야 한다는 점을 강조하고 있다.

위의 〈서명〉은 송대의 학자 장횡거가 저술한 것입니다. 처음에는 〈정완〉이라 했는데, 정자가 고쳐서 〈서명〉이라 하였고, 임은 정씨(정복심)가 이를 토대로 그림을 그렸습니다. 대개 성인의 학문은 인을 찾는 데에 목적이 있습니다. 모름지기 이러한 뜻을 깊이 깨달아야만 바야흐로 내 자신이 천지 만물과 더불어 한 몸이라는 것을 알게 됩니다. 진실로 이러한 경지에 이르러야 인을 실천하는 공부가 비로소 친근해지고 의미가 있게 되어, 그 뜻이 너무 넓어 어디에서부터 손댈까 하는 걱정에서 벗어나게 되는 것입니다. 또한 사물을 자신으로 착각하는 병폐가 없어져 마음의 덕이 온전하게 되는 것입니다. 그렇기 때문에 정자는 "〈서명〉은 그 뜻이 매우 완벽하게 정리되었으니, 이것이 바로 인의 본체다."라고 말했고, 또한 "이 인이 충만하여 가득 채워졌을 때 성인이 된다."라고 하였던 것입니다.

이 글은 〈서명〉의 출처와 내용에 대해서 퇴계가 해석한 것이다. 퇴계는 성인이 되기 위한 학문으로 〈서명〉을 선택했고, 성학의 내용은 곧 '인'이라고 생각했다. 인은 곧 천지 만물과 인간이 한 몸이라는 사실을 알게 하는 것이고, 동시에 인간과 사물이 다른 존재라는 사실도 알게 해 준다. 따라서 이러한 분별을 명확하게 하고 인을 자신의 마음에 가득 채우는 것이 성인이 되는 지름길이다.

3
소학도(小學圖)

《소학》의 방법은 물 뿌리고 청소하고 손님을 대접하며, 집안에 들어와서는 효도하고 나가서는 공손하여 법도에 어긋나지 않게 행동하는 것이다. 이것을 실천하고 남는 힘이 있으면 시를 외우고 글을 읽으며, 노래 부르고 춤을 추며, 생각하는 것이 조금이라도 도리에서 벗어나지 않도록 해야 한다.

第三小學圖

立教　明倫　敬身

立教
- 立胎育保養之教
- 立小大始終之教
- 立三物四術之教
- 立師弟授受之教

明倫
- 明父子之親
- 明君臣之義
- 明夫婦之別
- 明長幼之序
- 明朋友之交

敬身
- 明心術之要
- 明威儀之則
- 明衣服之制
- 明飲食之節

稽古

立教　明倫　敬身

嘉言　善行

嘉言
- 廣立教
- 廣明倫
- 廣敬身

善行
- 實立教
- 實明倫
- 實敬身

3. 소학도 – 일상적인 일에 충실하라

소학도(小學圖)는 주자가 저술한 《소학》이라는 책을 퇴계가 도표로 그린 것이다. 《소학》은 어린 학생들에게 인성 교육을 시키기 위하여 주자가 편찬한 책으로, 내용은 일상생활 속에서 실천해야 할 구체적인 내용들로 이루어져 있다.

《소학》은 집안의 작은 일부터 몸에 익히고 배우며, 부모에게 효도하는 마음과 어른을 공경하는 태도를 실천해야 한다는 것을 강조한다. 습관은 제2의 본성이라는 말처럼, 어렸을 때의 습관은 그 사람의 평생을 좌우할 만큼 중요하다. 이 그림은 어린 학생들이 익혀야 할 일들을 열거하고, 그 중심에 '공경하는 마음'을 두고 있다.

그림으로 이해하는 소학도

소학도는 《소학》의 목차인 '입교(立教)', '명륜(明倫)', '경신(敬身)'으로 설명하고 있다. 그림의 전체 흐름은 입교, 명륜, 경신을 설명하고, 이것이 '계고(稽古)'를 통해 증명되었다가, 다시 '가언(嘉言)'과 '선행(善行)'을 통해서 확장되는 구조다. 따라서 소학도는 크게 두 영역으로 분리하여 설명할 수 있다.

1. 입교, 명륜, 경신을 설명한 부분으로, 내용은 다음과 같다.

제第 3三 소小 학學 도圖

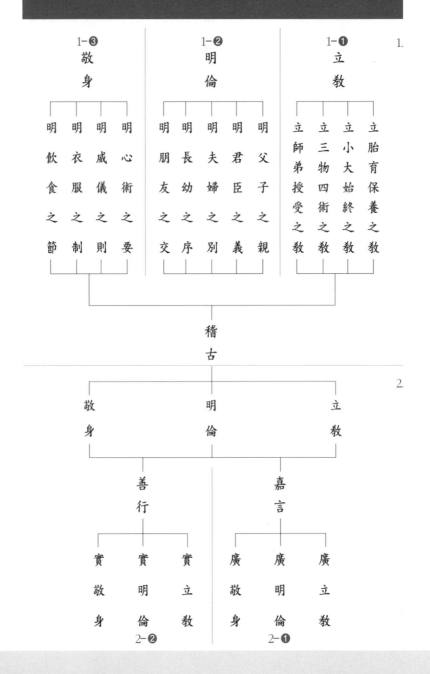

1.

1-❸ 敬身

明飲食之節　明衣服之制　明威儀之則　明心術之要

1-❷ 明倫

明朋友之交　明長幼之序　明夫婦之別　明君臣之義　明父子之親

1-❶ 立教

立師弟授受之教　立三物四術之教　立小大始終之教　立胎育保養之教

稽古

2.

敬身

明倫

立教

善行

實敬身　實明倫　實立教

嘉言

廣敬身　廣明倫　廣立教

2-❷

2-❶

1-① 입교(立敎) 교육의 내용과 방법을 수록하고 있다.

　　┌─ 입태육보양지교(立胎育保養之敎) 태교와 양육의 가르침을 세움

　　├─ 입소대시종지교(立小大始終之敎) 크고 작음과 시작과 끝의 가르침을 세움

　　├─ 입삼물사술지교(立三物四術之敎) 삼물사술¹⁾의 가르침을 세움

　　└─ 입사제수수지교(立師弟授受之敎) 스승과 제자가 주고받는 가르침을 세움

1-② 명륜(明倫) 오륜을 통해 교육의 목적과 기본 방향을 설명한다.

　　┌─ 명부자지친(明父子之親) 부모와 자식의 친함을 밝힘

　　├─ 명군신지의(明君臣之義) 임금과 신하의 의리를 밝힘

　　├─ 명부부지별(明夫婦之別) 남편과 아내의 구별을 밝힘

　　├─ 명장유지서(明長幼之序) 어른과 아이의 차례를 밝힘

　　└─ 명붕우지교(明朋友之交) 친구 사이의 사귐을 밝힘

1-③ 경신(敬身) 몸과 마음을 단속하는 요체와 절차를 밝히고 있다.

　　┌─ 명심술지요(明心術之要) 마음의 요체를 밝힘

　　├─ 명위의지칙(明威儀之則) 행동의 법칙을 밝힘

　　├─ 명의복지제(明衣服之制) 의복의 제도를 밝힘

　　└─ 명음식지절(明飮食之節) 음식의 절도를 밝힘

---

1) 삼물(三物)은 육덕(六德, 여섯 가지 덕망)·육행(六行, 여섯 가지 행실)·육예(六藝, 여섯 가지 재능)를 말하고,
사술(四術, 네 가지 기술)은 시(詩)·서(書)·예(禮)·악(樂)을 말한다. 좀 더 자세히 설명하면 육덕은
지혜·어짊·성스러움·정의로움·정성스런 마음·온화함을 말하고, 육행은 효·우정·화
목·혼인·책임·동정심이고, 육예는 예절·음악·활쏘기·말타기·글쓰기·셈하기를 말한다.

그 밑에 계고는 하·은·주 삼대의 행적을 가지고 증명하는 것이다.

2. 두 번째는 입교, 명륜, 경신을 가언과 선행으로 나누어 한(漢)나라 이후 선현의 말과 행적을 모아 놓은 것이다.

2-① 가언(嘉言) 아름다운 말

┌ 광입교(廣立敎) 입교를 넓힘
├ 광명륜(廣明倫) 명륜을 넓힘
└ 광경신(廣敬身) 경신을 넓힘

2-② 선행(善行) 선한 행실

┌ 실입교(實立敎) 입교의 실천
├ 실명륜(實明倫) 명륜의 실천
└ 실경신(實敬身) 경신의 실천

이상의 내용을 간략하게 도식화하면 다음과 같다.

일상적인 일에 충실하라

봄에 만물이 소생하고[원(元)], 여름에 성장하며[형(亨)], 가을에 성숙하고[이(利)], 겨울에 완성되는 것[정(貞)]은 변하지 않는 천도의 법칙이다. 어질고[인(仁)], 정의롭고[의(義)], 예의바르고[예(禮)], 지혜로운 것[지(智)]은 인간이 지켜야 할 마땅한 도리다. 이러한 인간의 본성은 처음에는 모두 선하지 않음이 없는데, 네 가지 단서인 사단(四端, 측은지심(惻隱之心), 수오지심(羞惡之心), 사양지심(辭讓之心), 시비지심(是非之心))이 사물과 만나면서 나타나게 된다.

어버이를 사랑하고 형을 공경하며, 군주에게 충성하고 어른에게 공손한 것을 타고난 본성[병이(秉彝)]이라고 한다. 이것은 순리에 따라 되는 것이지 억지로 되는 것이 아니다. 오직 성인만이 본성이 저절로 실현되어 하늘처럼 넓어서, 털끝만 한 힘을 가하지 않아도 모든 선이 갖추어지게 된다. 하지만 일반 사람들은 어리석기 때문에 물질적인 욕망에 눈이 어두워 그 도리를 무너뜨리고 자포자기에 빠져 버린다. 성인이 이것을 측은하게 여겨 학교를 세우고 스승을 두어, 뿌리를 북돋아 주고 가지를 뻗게 하였다.

우주는 스스로 운행하는 법칙이 있다. 봄·여름·가을·겨울이 자연스럽게 운행하면서 태어나고 자라고 죽는 것처럼 우주는 끊임없이 자연의 법칙 속에서 움직인다. 이것을 천도(天道)라고 한다. 인간은 이것을 본받아 자신의 본성에 간직한 채 살아간다. 이것을 인도(人道)라고 한다. 소생·성장·성숙·완성이라는 원(元)·형(亨)·이(利)·정(貞)의 네 가지 천도가 인간의 내면에 들어와서 인·의·예·지라는 네 가지 본성이 된다.

인간이 인간답게 사는 것은 본성을 잘 실현하는 삶이다. 하지만 많은 사람들이 자신의 본성을 그대로 실현하지 못한다. 물질적인 욕망에 사로잡혀 자신의 본성을 해치게 된다. 따라서 성인은 이러한 사람을 위해 학교를 세우고 인륜을 가르쳐 인간이 본성을 회복하도록 한 것이다.

《소학》의 방법은 물 뿌리고 청소하고 손님을 대접하며, 집안에 들어와서는 효도하고 나가서는 공손하여 법도에 어긋나지 않게 행동하는 것이다. 이것을 실천하고 남은 힘이 있으면 시를 외우고 글을 읽으며, 노래 부르고 춤을 추며, 생각하는 것이 조금이라도 도리에서 벗어나지 않도록 해야 한다.

이치를 탐구하고 몸을 닦는 것이 학문의 큰 요체다. 밝은 명[명명(明命)]은 환하여 안팎이 없으니, 덕을 높이고 학업을 넓혀야 본성을 회복하게 된다. 하지만 이러한 것들이 옛날에 충분했다고 해서 어찌 지금도 여유가 있다고 할 수 있겠는가? 세대가 점점 멀어지고 어진 사람들도 사라졌으며, 경전이 없어지고 교육마저 해이해져 아이들의 교육이 바르지 못하게 되었으니, 성장해서는 더욱 허황되고 사치스럽게 되었다. 마을에는 좋은 풍속이 없어지고, 세상에는 좋은 인재가 부족하게 되었으며, 사람들은 이기심과 욕망으로 싸우고 이단의 말들(유학과는 다른 사상이나 주장)로 시끄럽게 되었다.

그러나 다행히도 인간의 떳떳한 본성은 하늘에 표준을 두고 있으므로 없어질 수 없다. 이에 옛날에 들었던 말을 모아 후세를 깨우치고자 한다. 아아! 젊은이들이여! 이 책을 받아서 배우도록 하거라. 이것은 내(주자)가 노망이 들어서 하는 말이 아니라 오직 성인의 가르침이다.

옛날에 살았던 청소년들은 무슨 공부를 했을까? 요즘 학생들이 배우는 것처럼 영어, 수학, 물리, 피아노 등을 배웠을까? 아니다. '하늘천 따지'로 시작되는 《천자문(千字文)》을 배우고, '아버지 나를 낳게 하시고, 어머니 나를 기르셨도다.'라고 하는 《사자소학(四字小學)》을 외웠으며, 나이가 조금 들면 《소학》이라는 책을 공부했다. 그리고 조금 더 크면 《대학》을 배우고, 그 다음에 《논어》, 《맹자》, 《중용》을 배우고 오경을 배웠다.

이러한 책들은 대부분 '인간답게 살라.'는 내용으로 이루어져 있다. 즉, 부모에게 효도하고, 어른을 공경하며, 불쌍한 사람들을 보살

피고, 만물을 사랑하는 일들이다. 이것이 곧 나 자신을 수양하는 길이며, 나라를 다스리기 위한 가장 기본적인 일들이다. 그 가운데 《소학》은 어린아이들이 배우던 책이다. 보통 8세에서 14세까지 《소학》을 읽었고, 15세 이상이 되면 《대학》을 배웠다. 《소학》에 담겨 있는 내용은 물 뿌리고 마당 쓸며, 어른 앞에 나아가고 물러나는 방법과 오륜을 실천하는 방법 등 매우 일상적인 것들이다.

왜 초등학생 시절에 이러한 것들을 가르쳤을까? 그것은 바로 올바른 습관을 들이기 위해서였다. 사람이라면 너무나 당연히 해야 할 일들이지만, 게을러지거나 잊어버려 하지 못하거나 이기적인 생활에 물들어 물질만을 중시하게 되면 인간의 도리를 다하지 못하게 된다. 그렇기 때문에 옛 사람들은 어린 나이에 이러한 습관을 길러 주고자 했던 것이다.

어떤 사람이 주자에게 물었다. "선생께서 다른 사람들에게 《대학》의 도를 말씀하시면서 《소학》의 글을 참고하라고 하는 것은 무엇 때문입니까?"

주자가 다음과 같이 대답하였다.

"학문을 하는 데는 크고 작은 차이가 있지만 도를 실천하는 것은 하나일 뿐이다. 그러므로 어렸을 때에 《소학》을 통해 익히지 않으면 잃어버린 마음을 거두어들이고 덕성을 길러 《대학》의 기초로 삼을 수 없게 된다. 또한 성장해서 《대학》을 배우지 않으면 의리를 살펴고 그것을 여러 가지 일에 실천하여 《소학》의 완성을 이룰 수 없게 된다. 이제 어린 학생들로 하여금 반드시 먼저 청소하고 응답하며 나아가고 물러나는 법도를 배우게 하고, 예(禮, 예절)·악(樂, 음악)·사(射, 활쏘기)·어(御, 말타기)·서(書, 글쓰기)·수(數, 셈하기)를 익히는 일에 스스로 힘을 다하게 함으로써, 성장한 뒤에는 덕을 밝히고 백성을 새롭게 하여 지극히 선한 경지에 머무르는 데까지 나아가도록 하는 것이 당연한 순서인데, 어찌하여 참고하지 않을 수 있단 말인가?"

주자와 문인의 대화를 기록하여 《소학》의 중요성에 대해서 말했다. 주자는 《대학》과 《소학》의 도는 하나라고 말한다. 즉, 대인의 학문을 하기 위해서는 소인이 익혀야 할 것들을 통하지 않으면 안 된다. 근본과 기초를 다진 뒤에 대인의 학문을 해야 성공할 수 있다는 뜻이다.

공자의 제자들은 육예를 배웠다고 한다. 즉, 위에서 말하는 예·악·사·어·서·수가 그것이다. 여기에는 몸과 마음을 닦는 과목이 모두 포함되어 있다. 이러한 것을 익힌 다음에 비로소 본성을 밝혀서 남을 위해 봉사하고 세상을 위해 헌신할 수 있게 된다. 요즘처럼 자신만 부유하게 살고자 하는 욕망을 가진 사람들과는 많이 다르다는 사실을 알 수 있다. 이것이 《소학》을 배우는 이유이다.

또 어떤 사람이 이렇게 물었다. "만약 이미 어른이 되었는데도 공부가 이러한 경지에 미치지 못한 사람은 어떻게 해야 합니까?"

주자가 대답하였다. "이미 지나가 버린 세월은 진실로 따라잡을 수 없다. 그러나 공부하는 순서와 그에 따른 세부 항목을 어찌 다시 보완하지 못하겠는가? 내가 듣건대 '경'이라는 한 글자는 성학의 시작이며 끝이라고 한다. 《소학》을 공부하는 사람이 이 '경'을 기초로 하지 않으면, 근본을 잘 길러서 물 뿌리고 청소하고 손님을 대접하는 것뿐만 아니라, 나아가고 물러나는 절차와 육예의 가르침을 제대로 실천할 수 없게 될 것이다.

《대학》을 공부하는 사람 역시 이것을 기초로 하지 않으면, 총명함을 계발하여 덕으로 나아가 학업을 닦아서 명덕(明德)과 신민(新民)의 공을 이루지 못할 것이다. 그렇기에 때를 놓치고 난 뒤에 학문을 하는 사람이라도 진실로 경에 힘써서 큰 것[대학]을 공부하고 작은 것[소학]을 함께 보충한다면, 장차 근본이 없어서 스스로 도달하지 못할 근심은 없게 될 것이다."

어른이 되도록 《소학》의 공부를 익히지 않은 사람은 어찌해야 하는가? 배움의 기회를 놓치거나 게을러서 공부를 하지 않은 사람은 오늘날에도 있다. 그러나 주자는 비록 《소학》을 공부할 시기를 놓쳤더라도 《대학》을 공부하면서 동시에 《소학》의 내용을 보충하면 충분히 성취할 수 있다고 말한다. 다만 항상 '경'의 자세를 간직한 채 공부에 임해야 한다고 한다. 다시 말해 공경하는 마음가짐과 정신을 집중하는 자세로, 일을 할 때나 사람을 대할 때도 항상 조심하고 맑은 정신으로 임해야 한다는 뜻이다.

위의 《소학》은 옛날에는 그림이 없었는데, 제가 이 책의 목록에 따라서 그림을 만들어 대학도와 대조를 이루게 하였습니다. 또한 주자가 《대학혹문(大學或問)》에서 《대학》과 《소학》에 대하여 말한 것을 인용하여 두 가지의 공부하는 줄거리를 나타냈습니다. 《소학》과 《대학》은 서로 의존하여 이루어진 것이므로, 이른바 하나이면서 둘이요, 둘이면서 하나인 것입니다. 그러므로 《대학혹문》에서 이 두 가지를 함께 논하였으니, 이 두 개의 그림에서도 함께 기록하여 말할 수 있었던 것입니다.

주자의 글에 그림을 그린 퇴계는 주자와 같이 《소학》과 《대학》은 분리할 수 없는 것이라고 여겼다. 《소학》을 통해서 일상생활에서 갖추어야 할 기본적인 태도를 익히고, 《대학》을 통해서 인류의 이상을 실현할 뜻을 펼쳐야 하기 때문이다. 이 두 가지는 서로 분리될 수 없다. 어렸을 때 인간의 참모습을 배우지 못하면 어른이 되어서는 더욱 힘들어 진다. 특히 경쟁만을 일삼는 현실에서 인간의 참모습을 간직하기란 쉽지 않다. 그러므로 물질적 욕망과 유혹을 이겨내기 위해서는 어려서부터 학문의 목적과 삶의 목적을 분명하게 배워야 한다.

4부

대학도(大學圖)

《대학》의 도(道)는 인간이 본래부터 타고난 밝은 덕을 밝히는 데 있고, 백성을 새롭게 하는 데 있으며, 지극히 선한 경지에 머무는 데 있다. 머물 곳을 안 다음에 방향을 정할 수 있으며, 방향을 정한 다음에 고요할 수 있고, 고요해진 다음에 평온할 수 있고, 평온해진 다음에 생각할 수 있고, 생각한 다음에 얻을 수 있다.

第四大學圖

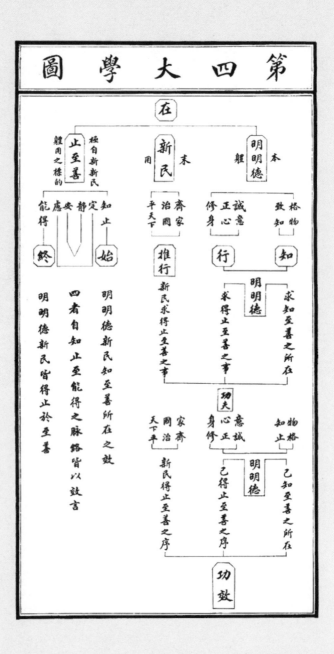

4. 대학도 – 수신으로부터 시작하라

대학도(大學圖)는 사서의 하나인 《대학》이라는 책을 조선 초기의 성리학자 권근이 그림으로 요약하여 정리한 것이다. 《소학》을 통해서 실천해야 할 행동 규범을 배운 사람은 《대학》을 통해서 자신을 지속적으로 수양하여 집안과 국가를 잘 다스리고, 나아가 인류를 안정시키는 것을 포부로 삼아야 한다. 그래서 《대학》은 '수기치인(修己治人)'의 학문 내용을 담고 있다고 한다. '수기치인'이란 자신의 몸과 마음을 닦아 다른 사람을 가르치고 이끌어서 선으로 나아가게 한다는 의미다.

그림으로 이해하는 대학도

대학도는 《대학》의 내용을 요약하여 그림으로 그린 것인데, 대학은 크게 삼강령(三綱領)과 팔조목(八條目)으로 이루어져 있다.

삼강령 : 명명덕(明明德), 신민(新民), 지어지선(止於至善)

팔조목 : 격물(格物), 치지(致知), 성의(誠意), 정심(正心), 수신(修身),

　　　　 제가(齊家), 치국(治國), 평천하(平天下)

이 그림 가운데 주의를 집중해서 볼 것은 사각형 안에 들어 있는 부분이다. 이 부분이 전체의 구조를 나타내는 것이다. 이 그림은 나누어 설명하기가 힘들지만, 일단 세 부분으로 나누어 보겠다.

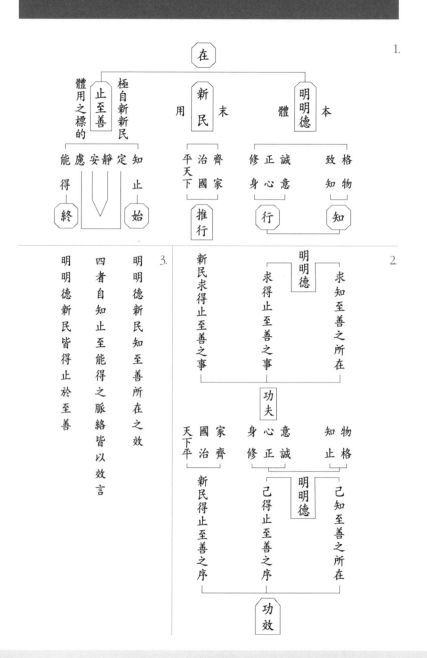

1. 제일 위에 '재(在)'가 있는 이유는 《대학》의 첫 구절을 보면 알 수 있다. "대학지도 **재**명명덕 **재**신민 **재**지어지선(大學之道 在明明德 在新民 在止於至善)"에 보면 삼강령 앞에 '재'가 있다. 그래서 그 밑에 삼강령을 배치한 것이다.

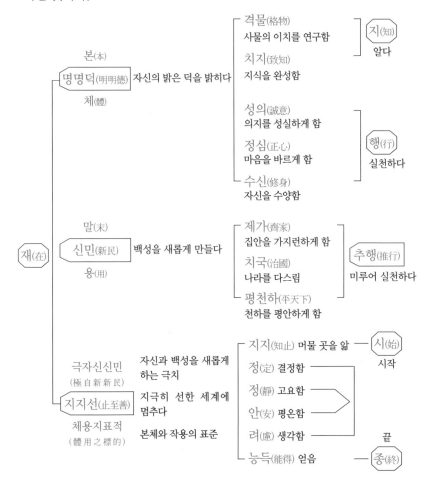

[명명덕(明明德)] 양쪽에 '본(本)'과 '체(體)'가 있고, [신민(新民)] 양쪽에는 '말(末)'과 '용(用)'이 있다. 이것은 명명덕과 신민을 본과 말, 체와 용의 구조로 파악하고 있음을 나타낸다. 성리학에서는 본말, 체용의 논리를 적용하여 설명하는 경우가 많다. 본말이란 근본과 말단이라는 뜻이고, 체용은 본체와 작용이라는 뜻이다. 그리고 [지지선(止至善)] 의 양쪽에는 '극자신신민(極自新新民)'과 '체용지표적(體用之標的)'이라는 말이 있다. 이러한 구조는 '자신의 밝은 덕을 밝혀서[명명덕]' '백성을 새롭게 만들고[신민]', 최후의 단계는 가장 이상적인 세계인 '지극히 선한 세계에 멈추는 것[지지선]'에 있다는 것을 설명한 것이다.

그리고 삼강령 아래에는 다시 팔조목을 비롯한 개념을 배치하고 있다. 그것을 분석하면 다음과 같다.

명명덕 아래에는 '격물(格物)'과 '치지(致知)'를 배치하여 [지(知)]의 영역으로 설명하고, '성의(誠意)'·'정심(正心)'·'수신(修身)'을 배치하여 [행(行)]의 영역으로 설명했다. 이것은 명명덕을 앎[지(知)]과 실천[행(行)]의 구조로 파악한 것이다. 그리고 신민 아래에 '제가(齊家)'·'치국(治國)'·'평천하(平天下)'를 배치하여 [추행(推行)] 으로 설명한다. 추행이란 미루어 실천한다는 뜻으로, 행의 영역을 더욱 확대시켜 나가는 것을 의미한다. 이것을 좀 더 크게 보면 팔조목 가운데 앎의 영역에 속하는 것은 두 개, 즉 격물과 치지이고, 나머지 여섯 개는 실천의 영역에 속한다고 볼 수 있다.

지지선 아래에 '지지(知止)'·'정(定)'·'정(靜)'·'안(安)'·'려(慮)'·'능득(能

得'을 배치하여 지지는 시(始)에 배치하고 능득을 종(終)에 배치하고 있다. 여기에 나오는 여섯 가지는 《대학》에 나오는데 다음과 같다.

지지이후유정 정이후능정 정이후능안 안이후능려 여이후능득
(知止而后有定 定而后能靜 靜而后能安 安而后能慮 慮而后能得)
머물 곳을 안 다음에 방향을 정할 수 있으며, 방향을 정한 다음에 고요할 수 있고, 고요해진 다음에 평온할 수 있고, 평온해진 다음에 생각할 수 있고, 생각한 다음에 얻을 수 있다.

2. 두 번째는 공부(功夫) 공효(功效)로 설명하고 있는 부분이다.

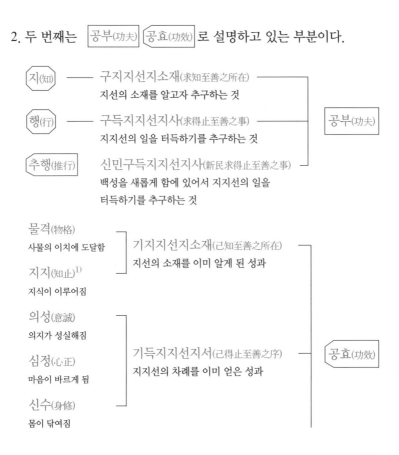

가제(家齊)
집안이 가지런해 짐

국치(國治)
나라가 바로 다스려짐

천하평(天下平)
천하가 평온해짐

신민득지지선지서(新民得止至善之序)
백성을 새롭게 하여 지지선의 차례를 이미
얻은 성과

　앞의 '공부'는 《대학》을 공부하는 목적과 과정을 나타낸다. 명명덕을 지와 행으로 나눈 뒤에, 지에는 '구지지선지소재(求知至善之所在)'를 배치하고, 행에는 '구득지지선지사(求得止至善之事)'을 배치하였다. 이것은 "지극히 선한 상태의 소재를 알고자 공부를 해야 하는 것"이라는 의미이며, 실천이란 "지극히 선한 상태에 머무는 일을 깨닫고자 공부를 하는 것"이라는 뜻이다. 그리고 신민의 아래에 추행을 두고, 그 아래에 '신민구득지지선지사(新民求得止至善之事)'이라고 하여 '백성을 새롭게 하면서 지극히 선한 상태에 머무는 일을 깨닫는 것'을 추구해야 함을 나타냈다.

　이렇게 배치한 것은 모두 학문의 목적과 과정을 밝히기 위한 것이다. 학문이란 '지극히 선한 경지'가 어디인지를 알고, '지극히 선한 경지에 머무는 일을 추구'하여 '백성을 새롭게 하는 경지'에 이르는 공부를 의미한다.

---

1) 《대학》원문에는 '知至'로 되어 있는데 여기에는 잘못 표기된 것 같다. 해석은 원래 뜻으로 번역했다.

그 아래 '공효'는 이러한 학문의 결과로 나타나는 효과를 설명하고 있다. 명명덕 아래에 있는 '물격(物格)'과 '지지(知止)'는 '지선의 소재를 이미 알게 된 성과'이고, '의성(意誠)'·'심정(心正)'·'신수(身修)'는 '지지선의 차례를 이미 얻은 성과'이며, 신민 아래의 '가제(家齊)'·'국치(國治)'·'천하평(天下平)'은 '백성을 새롭게 하여 지지선의 차례를 이미 얻은 성과'이다.

3. 세 번째는 사실 두 번째와 같이 공효에 해당하는 것인데 위의 지지선과 연결되어 그 효과를 설명한 것이다.

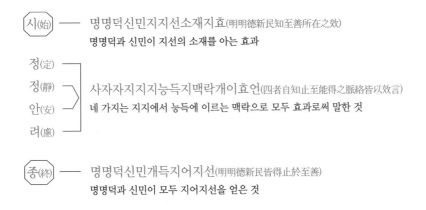

시(始) —— 명명덕신민지지선소재지효(明明德新民知至善所在之效)
명명덕과 신민이 지선의 소재를 아는 효과

정(定)
정(靜)
안(安)   사자자지지지능득지맥락개이효언(四者自知止至能得之脈絡皆以效言)
려(慮)   네 가지는 지지에서 능득에 이르는 맥락으로 모두 효과로써 말한 것

종(終) —— 명명덕신민개득지어지선(明明德新民皆得止於至善)
명명덕과 신민이 모두 지어지선을 얻은 것

수신으로부터 시작하라

《대학》의 도는 인간이 본래부터 타고난 밝은 덕을 밝히는 데 있고, 백성을 새롭게 하는 데 있으며, 지극히 선한 경지에 머무는 데 있다. 머물 곳을 안 다음에 방향을 정할 수 있으며, 방향을 정한 다음에 고요할 수 있고, 고요해진 다음에 평온할 수 있고, 평온해진 다음에 생각할 수 있고, 생각한 다음에 얻을 수 있다. 사물에는 근본과 말단이 있고, 일에는 끝과 시작이 있으니, 먼저 해야 할 것과 나중에 해야 할 것을 안다면 도에 가까울 것이다.

《소학》을 익힌 청소년들은 15세 무렵부터 《대학》을 배우게 되는데, 《대학》이란 '대인의 학문'이란 뜻이다. 그러므로 15세가 되면서부터는 대인이 가야 할 길을 배우고 익혀야 한다.

《대학》의 앞부분에는 명명덕, 신민, 지어지선이라는 삼강령이 나온다. 즉, 자신의 선한 본성을 알고[명명덕] '나'의 존재에 대해서 심각하게 고민해 보고, 자기 완성을 위한 학문을 해야 하고, 자기의 학문이 완성되면 가족과 나라를 위해 헌신하며, 백성들을 바른 길로 인도하도록 가르치고 스스로 깨닫도록 해야 한다[신민]. 또한 자기 혼자만 행복을 누리는 것이 아니라 모든 사람이 함께 행복한 세상에 살도록 해야 한다. 그렇게 된다면 반드시 가장 아름다운 세상을 만들 수 있을 것이다[지지선].

목표가 정해지면 그에 따라 방향이 정해진다. 그러면 마음을 가라 앉혀서 나아가야 한다. 목표도 알지 못한 채 앞으로 나아가는 것은 불가능하다. 따라서 근본과 말단, 먼저해야 할 것과 나중에 해야 할 것을 아는 것은 매우 중요하다.

옛날에 밝은 덕을 온 세상에 밝히고자 하는 사람은 먼저 자기의 나라를 다스리고, 자기 나라를 다스리고자 하는 사람은 먼저 자기 집안을 가지런하게 하고, 자기 집안을 가지런하게 하고자 하는 사 람은 먼저 자기 몸을 닦고, 자기 몸을 닦고자 하는 사람은 먼저 자 기 마음을 바르게 하고, 자기 마음을 바르게 하고자 하는 사람은 먼저 자신의 의지를 성실하게 하고, 자신의 의지를 성실하게 하고 자 하는 사람은 먼저 자신의 앎을 극진하게 하였으니, 앎을 극진하 게 하는 방법은 사물의 이치를 연구하는 데 있다.

사물의 이치에 도달한 다음에 지식이 이루어지고, 지식이 이루어 진 다음에 의지가 성실해지며, 의지가 성실해진 다음에 마음이 바 르게 되고, 마음이 바르게 된 다음에 몸이 닦여지고, 몸이 닦여진 다음에 집안이 가지런해지고, 집안이 가지런해진 다음에 나라가 다스려지고, 나라가 다스려진 다음에 온 천하가 평안해진다. 천자 (天者)에서부터 일반 서민에 이르기까지 모두 몸을 닦는 것을 근본으로 삼아야 한다. 근본이 어지러운데 말단이 다스려지는 사람은 없으며, 두텁게 해야 할 것을 엷게 하고, 엷게 해야 할 것을 두텁게 하는 사람은 없다.

여기서는 팔조목에 대해서 자세하게 설명하고 있다. 삼강령을 실천하기 위하여 반드시 실천해야 할 여덟 가지 세부 항목이 바로 팔조목이다. 우리가 흔히 말하는 수신·제가·치국·평천하가 바로 팔조목 중의 네 가지다. 그 다음은 격물·치지·성의·정심이다.

자신을 수양하기 위해서는 사물의 이치를 알아야 한다. 그것은 학문을 통해서 가능하다. 따라서 학문을 암기하고 반복하는 것으로만 생각하지 말고, 사물의 이치와 삶의 이치를 미세한 부분까지 두루 살펴 정확하게 이해해야 한다. 그런 다음 자신의 의지를 성실하게 하여 유혹에 흔들리지 말고, 마음을 바르게 유지해야 한다.

괜히 친구들과 어울리는 데 정신을 빼앗겨 자신의 본분을 잊어서는 안 된다. 청소년 시절에 노력하지 않으면 어른이 되어서도 아무것도 할 수 없다. 그러기 위해서는 뜻을 크게 가지고, 그 뜻을 이루기 위한 자기와의 싸움을 끊임없이 해야 한다. 이러한 것들은 모두 '경'으로부터 나온다. 즉, 자신을 수양하는 근본 덕목이 바로 '경'이다.

어떤 사람이 주자에게 물었다. "경의 공부는 어떻게 해야 하는 것입니까?"

주자가 다음과 같이 대답하였다.

"정자는 일찍이 '마음을 하나로 정하여 다른 것에 신경을 쓰지 않는 것[주일무적(主一無適)]'이라 하고, '몸가짐을 가지런하게 하고 마음을 엄숙하게 하는 것[정제엄숙(整齊嚴肅)]'이라고 하였다. 또한 정자의 제자 사량좌는 '항상 깨어 있어야 하는 것[상성성법(常惺惺法)]'이라 하였고, 또 윤돈은 '그 마음을 단속하여 한 가지의 잡념도 허락하지 않는 것[심수렴불용일물자(心收斂不容一物者)]'이라고 하였다.

다시 말해 '경'이란 한 마음의 주인이며, 모든 일의 근본이다. 경에 힘쓸 방법을 알면 《소학》이 경에 의지하지 않고서는 시작될 수 없다는 것을 알 수 있을 것이다. 또한 《소학》이 경에 의지하여 시작된다는 것을 알면 《대학》도 경에 의지하지 않고서는 끝마칠 수 없다는 것을 알 수 있을 것이다. 이 마음이 확립되면, '사물의 이치를 밝히고 앎을 완성하여[격물치지(格物致知)]' 사물의 이치를 모두 알 수 있으니, 이것을 곧 '덕성을 높이고 학문을 일삼는 것'이라고 한다.

이로 말미암아 '의지를 성실하게 하고[성의(誠意)]' '마음을 바르게 하여[정심(正心)]' 자신을 수양하니, 이것을 가리켜 '먼저 큰 것을 세워놓으면 작은 것은 빼앗기지 않게 되는 것'이라고 한다. 이로 말미암아 '집안을 가지런하게 하고[제가(齊家)]' '나라를 다스려[치국(治國)]' 천하에 미치게 하니, 이것을 가리켜 '자신을 수양하여 백성들을 편안하게 하며, 공손함을 돈독하게 하여 천하를 평안하게 한다.'라고 한다. 이러한 모든 것들은 하루라도 경을 떠나서는 시작할 수 없다. 그러므로 경이라는 한 글자가 어찌 성학의 처음과 끝이 되는 요체가 아니겠는가?"

경의 의미에 대한 주자를 비롯한 학자들의 견해를 말하고 있다. 정자와 사량좌, 윤돈의 학설을 제시하며 경의 의미를 밝혔다. 사량좌는 정명도(정이)와 정이천(정호) 형제의 제자이며 윤돈은 정이천의 제자다. 이들의 학설을 종합한다면 경이란 몸과 마음을 단속하여 한곳에 집중하는 것을 말한다. 따라서 《대학》과 《소학》의 내용도 모두 경으로 일관되어 있으므로, 경을 통하지 않고서는 시작과 끝을 알 수 없다고 하는 것이다.

예를 들어 인간은 육체를 가지고 있기 때문에 욕망에 물들기 쉽다. 그런데 유혹을 통제하는 것은 마음이다. 마음이 곧 유혹을 물리칠 수 있는 나의 주체다. 이 마음을 움직이는 것이 바로 경이다. 그러므로 잡념을 가지지 않고 항상 맑은 정신으로 깨어 있으며, 하나의 목표를 세웠으면 다른 데 정신을 쓰지 않는, 즉 경을 통해야만 유혹을 통제할 수 있다.

대학도는 소학도와 함께 서로 안과 밖을 이루는 그림이다. 《소학》을 통해서 일상적인 것들을 익히고, 《대학》을 통해서 학문과 수양을 쌓아 커다란 뜻을 키워야 한다. 이것이 《대학》과 《소학》을 공부하던 선비들의 자세였다.

위의 글은 공자께서 남기신 《대학》의 첫째 장입니다. 조선 초기의 신하인 권근이 여기에 그림을 그렸습니다. 장 끝부분에 인용한 《대학혹문》에서 《대학》과 《소학》을 함께 논한 의미에 대해서는 이미 소학도에서 설명하였습니다. 그러나 이 두 그림만을 연결하여 볼 것이 아니라, 위와 아래에 있는 여덟 개의 그림도 마땅히 이 두 그림과 연결해서 보아야 합니다.

위에 있는 두 그림, 즉 태극도와 서명도는 단서를 구하여 확충하고, 하늘을 본받아 도를 극진하게 하는 극치이므로 《소학》과 《대학》의 표준이요, 근원이 됩니다. 아래에 있는 여섯 개의 그림은 전체적으로 선을 밝히고, 자신을 성실하게 하며, 덕을 숭상하고, 학업을 넓히는 데에 힘써야 함을 말하고 있으니, 《소학》과 《대학》의 바탕이며, 그 효과입니다. 그리고 경이란 형이상학과 형이하학에 모두 통하는 것이므로 공부를 시작하거나 효과를 거두려면 모두 경에 힘써서 그 자세를 잃지 말아야 합니다. 그러므로 주자의 말도 위와 같은 것이며, 여기에 있는 열 개의 그림도 모두 경을 중심으로 삼았습니다.

〈태극도설〉에는 고요함[정(靜)]만을 말하고 경에 대해서 말하지 않았는데, 주자가 주석에서 경을 말하여 보충하였습니다.)

이 글은 역시 퇴계의 말이다. 《대학》에 나오는 글과 우리나라 학자인 권근이 그린 그림으로 대학도가 이루어졌다. 권근은 우리나라 최초로 그림으로 성리학을 설명한 학자로 유명하다. 그것이 바로 《입학도설(入學圖說)》이다.

《입학도설》은 성리학의 기본 원리를 도식화하여 설명한 책이다. 권근은 공부를 처음 시작하는 사람들을 위해 그림으로 설명하고자 이 책을 썼는데, 주돈이의 〈태극도설〉에 근본을 두고 주자의 《대학》, 《중용장구》를 참고하면서 선배 학자들의 격언을 취해서 그림을 그리고 학생들과 문답한 내용을 함께 기록하였다. 이곳에는 천인심성합일지도(天人心性合一之圖), 대학지장지도(大學指掌之圖), 중용수장분석지도(中庸首章分釋之圖) 등 권근의 철학을 요약해 주는 매우 중요한 작품들이 실려 있다.

퇴계는 태극도와 서명도가 소학도와 대학도의 근원이 되고, 그 뒤에 나오는 여섯 개의 그림은 소학도와 대학도의 효과로 드러난 것이라고 설명하였다. 따라서 모든 그림은 경으로 일관되어 있으므로 각각의 그림을 별개로 이해할 것이 아니라 모두 연결시켜서 이해해야 한다.

5

백록동규도(白鹿洞規圖)

성현들이 사람을 교육시키던 학문의 큰 단서만을 취하여 그 세부 항목을 처마의 현판에 걸어 둔다. 여러분들이 이것을 서로 연구하고 지켜서 스스로 실천한다면, 생각하고 말하고 행동할 때에 삼가고 두려워해야 할 것이 지난번의 규범보다 더욱 엄격할 것이다.

第五　白鹿洞規圖

父子有親
君臣有義
夫婦有別
長幼有序
朋友有信

右五教之目

博學
審問
慎思
明辨
篤行

窮理之要

言忠信　行篤敬
懲忿窒慾　遷善改過
正其義　不謀其利
明其道　不計其功
己所不欲　勿施於人
行有不得　反求諸己

修身之要
處事之要
接物之要

堯舜使契為司徒敬敷五教即此是也學者學此而

其所以學之之序亦有五焉

5. 백록동규도 – 인간이 되는 학문을 하라

백록동규도(白鹿洞規圖)는 주자가 백록동 서원에서 학생들을 가르치기 위해 만든 규범의 목차를 따라 퇴계가 그림으로 그린 것이다. 그 내용은 가장 먼저 오륜을 배우고 익히는 것으로 되어 있다.

학문이란 지식을 배우는 것이 아니라 인간의 타고난 본성을 밝히고, 그대로 실현하도록 하는 것이다. 자신만을 위해서가 아니라 모든 사람들이 함께 행복을 누리도록 본성을 실현해야 한다. 이것이 진정한 학문의 목적이다. 백록동규도는 인간이 되기 위한 학문의 중요성을 보여 주고 있다.

그림으로 이해하는 백록동규도

이 그림은 두 개의 영역으로 나눌 수 있는데, 윗부분은 오륜(五倫)에 관한 부분이고 아랫부분은 궁리(窮理)와 독행(篤行)에 관한 부분이다. 이 그림의 내용은 학문은 오륜을 밝히는 데 있으며, 궁리와 독행도 모두 오륜에 근본하고 있다는 것이다.

1. 이 부분은 오륜을 설명하고 있는데, 고대에는 이것을 오교(五敎)라고 하였다.

제第 5五 백白 록鹿 동洞 규規 도圖

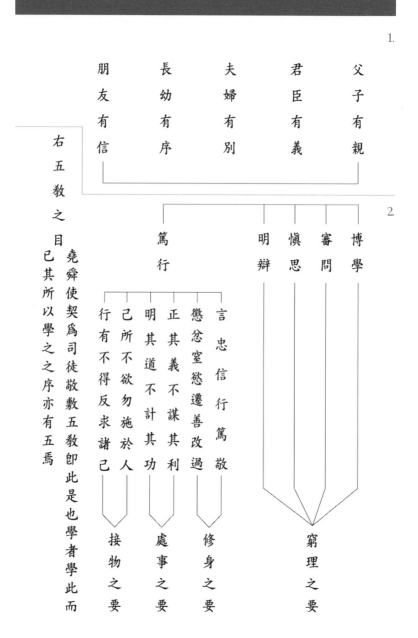

1.

父子有親
君臣有義
夫婦有別
長幼有序
朋友有信

右五教之目

2.

博學
審問
愼思
明辯

篤行

言忠信行篤敬
懲忿窒慾遷善改過
正其義不謀其利
明其道不計其功
己所不欲勿施於人
行有不得反求諸己

窮理之要
修身之要
處事之要
接物之要

堯舜使契爲司徒敬敷五教卽此是也學者學此而
已其所以學之之序亦有五焉

┌ 부자유친(父子有親) 부모와 자식 사이에는 친함이 있어야 한다
│ 군신유의(君臣有義) 임금과 신하 사이에는 의리가 있어야 한다
│ 부부유별(夫婦有別) 남편과 아내 사이에는 구별이 있어야 한다
│ 장유유서(長幼有序) 어른과 아이 사이에는 차례가 있어야 한다
└ 붕우유신(朋友有信) 친구 사이에는 믿음이 있어야 한다

2. 두 번째 영역은 《중용》에 있는 "박학지 심문지 신사지 명변지 독행지(博學之 審問之 愼思之 明辨之 篤行之)"라는 학문하는 순서를 그림으로 표현한 것이다.

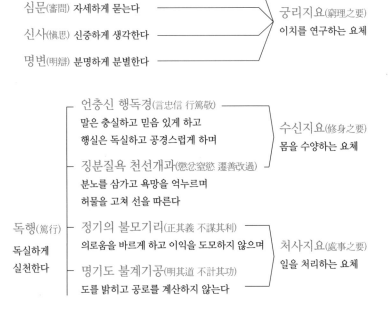

박학(博學) 넓게 배운다
심문(審問) 자세하게 묻는다
신사(愼思) 신중하게 생각한다
명변(明辯) 분명하게 분별한다
궁리지요(窮理之要)
이치를 연구하는 요체

독행(篤行)
독실하게
실천한다

언충신 행독경(言忠信 行篤敬)
말은 충실하고 믿음 있게 하고
행실은 독실하고 공경스럽게 하며
징분질욕 천선개과(懲忿窒慾 遷善改過)
분노를 삼가고 욕망을 억누르며
허물을 고쳐 선을 따른다
수신지요(修身之要)
몸을 수양하는 요체

정기의 불모기리(正其義 不謀其利)
의로움을 바르게 하고 이익을 도모하지 않으며
명기도 불계기공(明其道 不計其功)
도를 밝히고 공로를 계산하지 않는다
처사지요(處事之要)
일을 처리하는 요체

┌─ 기소불욕 물시어인(己所不欲 勿施於人)
│ 자기가 원하지 않는 것을 남에게 시키지 말고   ┐ 접물지요(接物之要)
│   ├ 사물을 대하는 요체
└─ 행유부득 반구저기(行有不得 反求諸己)   ┘
   행하고 얻지 못하면 돌이켜 자신에게서
   이유를 찾아라

'박학(博學)'·'심문(審問)'·'신사(愼思)'·'명변(明辨)'은 '궁리의 요체'
가 되고, '독행(篤行)'은 다시 '수신의 요체', '일을 처리하는 요체', '사물
을 대하는 요체'가 된다. 즉, 궁리는 '지(知)'로, 나머지 '수신(修身)'·'처
사(處事)'·'접물(接物)'은 '행(行)'으로 재구성한 것이다.

그리고 맨 왼쪽에 쓰여진 글은 다음과 같다.

우오교지목 요순사설위사도 경부오교 즉차시야 학자 학차이이
(右五敎之目 堯舜使契爲司徒 敬敷五敎 卽此是也 學者 學此而已

기소이학지지서 역유오언
其所以學之之序 亦有五焉)

이상에서 말한 오교의 세부 항목은 요임금과 순임금이 설(契)이라는 사람에게 사도(司
徒)라는 직책을 주어 오교를 널리 보급하게 한 것이다. 학문이란 이러한 오륜을 배우는
것일 뿐이다. 그런 까닭으로 학문하는 순서에도 또한 다섯 가지가 있다

인간이 되는 학문을 하라

　내(주자)가 가만히 살펴보니, 옛날 성현들이 사람을 가르쳐 학문을 연마하게 하는 의도는 모두 의리(義理)를 해석하고 밝혀서 자신을 수양한 다음 그것을 남에게 미치고자 하는 것이었지, 한갓 내용을 외우고 많이 보아서 문장을 만드는 일에만 힘을 써서 명성을 구하거나 이익을 취하려는 것이 아니었다. 그런데 오늘날 학문을 하는 사람들은 이와 반대로 한다. 성현들이 사람을 가르치는 방법은 모두 경전에 갖추어져 있으니, 뜻 있는 선비들은 진실로 숙독하고 깊이 생각하여 질문하고 분별해야 할 것이다. 진실로 이치의 당연함을 알아서 스스로 반드시 그렇게 하려고 노력한다면, 어찌 다른 사람이 규범과 금지 항목을 만들어 준 다음에 그것이 지켜지길 기다리겠는가?

　이 글은 주자가 백록동 서원을 고쳐서 세우고, 학생들에게 학문의 목적이 무엇이고, 학교 생활을 어떻게 해야 할 것인가에 대해서 기록한 글의 서문이다.
　학문을 하는 목적은 옳고 그름을 분별할 수 있는 능력을 갖추고, 자신을 수양하여 남에게까지 영향을 주고자 하는 것이다.
　그렇기 때문에 주자는 당시의 학생들이 학문의 목적을 잊은 채 무

조건 암기하고 명예와 이익만을 추구하려 하자, 백록동 서원을 세우고 학교의 규범을 만든 것이다.

인간의 기억력은 영원한 것도 아니고 정확한 것도 아니다. 뿐만 아니라 암기식 공부 방법은 바람직하지도 않고 어떤 경우에는 위험하기까지 하다. 이렇게 교육을 받은 학생들은 사고력과 이해력 부족으로 결국 진정한 학문의 목적을 이룰 수 없게 된다.

백록동규도에서 가장 중심에 두고 있는 교육 내용은 '명인륜(明人倫)', 즉 인륜을 밝히는 학문이다. 인륜 중에서 가장 중요한 것을 오륜으로 정리한 사람이 맹자다. 이러한 오륜을 익히는 것이 무엇보다 중요하다.

오늘날에도 학교에 규범이 있지만, 배우는 사람들을 대하는 데는 너무 미약하고, 그 방법 또한 옛 사람들의 뜻에 맞지도 않는다. 그러므로 이제 이 학당에서는 그 규범을 다시 시행하지 않을 것이며, 특히 성현들이 사람을 교육시키던 학문의 큰 단서만을 취하여 그 세부 항목을 처마의 현판에 걸어 둔다. 여러분들이 이것을 서로 연구하고 지켜서 스스로 실천한다면, 생각하고 말하고 행동할 때에 삼가고 두려워해야 할 것이 지난번의 규범보다 더욱 엄격할 것이다. 만약 이것을 지키지 못해서 가끔 금지하는 행동을 하게 된다면, 장차 규범에 따라 처리해야 할 것이니, 진실로 규범을 없앨 수는 없다. 여러분들은 이것을 명심해야 할 것이다.

아무리 많은 지식을 배워도 실천하지 않으면 배우지 않은 것과 같다. 오늘날 청소년들은 아인슈타인보다 더 많은 지식을 알고 있을지도 모른다. 어쩌면 공자나 소크라테스보다 더 많은 책을 읽었을지도 모른다. 그런데 왜 성인이 되지 못하는 것인가? 그것은 아는 것을 실천으로 옮기지 못하기 때문이다.

주자가 학문의 큰 단서만을 현판에 걸어 둔 이유도 세세한 규칙으로 강요하는 것보다는 자발적으로 규범을 실천하도록 하자는 데 있었다. 스스로 지키도록 하면 실천하기 위해 더욱 깊이 생각하고 행동을 신중하게 할 것이기 때문이다.

위의 〈백록동규〉는 백록동 서원의 학생들에게 보여 주기 위해 주자가 써서 처마 밑 현판에 걸어둔 글입니다. 백록동은 남강군(南康軍) 북쪽, 광려산(匡廬山) 남쪽에 있는데, 당나라의 이발(李渤)이 여기에 은거하며 흰 사슴을 길렀기 때문에 백록동이라고 이름지은 것입니다. 남당(南唐) 때에 여기에 서원을 세워 국상(國庠, 나라의 수도에 있는 학교)이라 하였는데, 배우는 학생들이 항상 수백 명이었습니다. 송나라의 태종이 이곳에 서적을 내려주고, 백록동을 다스리는 동주(洞主)에게 관직을 주어 교육을 권장하였습니다. 중간에 황폐하게 된 적도 있었지만, 주자가 남강군의 지사로 있을 때 서원을 고쳐 달라고 조정에 청하였고, 학생들을 모아 규범을 만들어 도학(道學)을 드러내어 밝히자, 서원의 교육이 드디어 천하에 널리 퍼지게 되었습니다.

제가 지금 규문(規文)에 있는 본래의 세부 항목에 따라 그림을 그려 보기에 편하도록 하였습니다. 요임금과 순임금 시대의 교육은 오품(五品)에 있고, 하·은·주 삼대(三代)의 학문도 모두 인륜을 밝히는 데 있었습니다. 그러므로 이 규범의 궁리와 역행(力行)도 모두 오륜에 근본을 두고 있는 것입니다. 또한 제왕의 학문은 그 규범과 금지 항목이 일반 학자들의 학문과 모두 같을 수 없을지라도, 인륜에 근본을 두고 궁리와 역행을 하여 심법의 요체를 구한다는 점에서는 다르지 않습니다. 그렇기 때문에 이 그림을 함께 바쳐서 아침저녁으로 왕을 보좌하는 신하가 잠언을 준비할 때 보태도록 하였습니다. 이상의 다섯 가지 그림은 천도에 근본한 것인데, 그 공적은 인륜을 밝히고 덕업(德業)에 힘쓰도록 하는 데 있습니다.

이상은 퇴계의 말인데, 백록동규도의 출처와 만든 이유, 읽을 때 주의해야 할 점에 대해서 밝히고 있다. 주자는 서원을 세우고 서원에서 학생들이 지켜야 할 규범을 만들었다. 그리고 규범의 앞에 서문을 써서 학문의 목적을 설명했다. 서원이란 예전의 사립학교로, 요즘 학칙에 해당하는 규칙이 있었다. 학생들은 이 규칙에 따라서 생활해야 했다. 그러나 요즘도 마찬가지지만, 아무리 좋은 규칙이라도 마음으로 따르려 하지 않는 학생들이 있다면 아무런 의미가 없다.

그래서 퇴계는 오륜을 밝히기 위해서는 궁리와 역행을 해야 함을 거듭 이야기하고 있다. 궁리란 이치를 연구하는 것이고, 역행이란 힘껏 실천하는 것을 말한다.

심통성정도 (心統性情圖)

마음이 성(性)과 정(情)을 통제한다고 하는 것은, 인간이 오행 중에서 빼어난 것을 부여받아서 태어났고, 그 빼어난 것 속에 오성(五性)이 갖추어져 있으며, 그 오성이 움직이는 데서 일곱 가지 정[칠정(七情)]이 나온다는 말이다. 무릇 성과 정을 통제하는 것은 마음이다. 그러므로 그 마음이 고요하여 움직이지 않으면 성이 된다. 이것이 바로 마음의 본체이다. 또한 마음이 사물과 만나 통하게 되면 정이 되는데, 이것이 바로 마음의 작용이다.

第六 心統性情圖

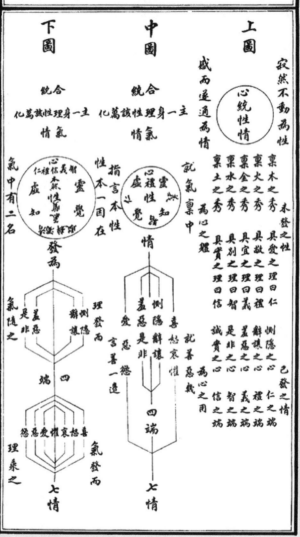

上圖

寂然不動為性

心統性情

感而遂通為情

禀木之秀　具愛之理曰仁
禀火之秀　具敬之理曰禮
禀金之秀　具宜之理曰義
禀水之秀　具別之理曰智
禀土之秀　具實之理曰信

未發之性

為心之體

已發之情

惻隱之心仁之端
辭讓之心禮之端
羞惡之心義之端
是非之心智之端
誠實之心信之端

就氣禀中

為心之用

中圖

統合
主一身該萬化
理　身　性
氣　情　化萬該

指言本性
性本一固在

虛靈知覺
心禀性情皆

就氣禀中

理發而
善言善一邊

喜怒哀懼
愛惡欲

惻隱辭讓
羞惡是非

盖惻隱是非

四端

七情

下圖

統合
主一身該萬化
理　身　性
氣　情　化萬該

氣中有二名

靈覺
心禀性氣
仁禮義信智

發為

惻隱　辭讓
是非

氣隨之
理發而

四端

喜怒哀懼愛惡欲

氣發而
理乘之

七情

6. 심통성정도 – 마음을 바르게 하라

심통성정도(心統性情圖)는 글과 그림 중 상도를 정복심이 만든 것인데, 퇴계가 중도와 하도를 보완한 것이다. 대학도에서 나왔던 '마음을 바르게 한다.'는 것의 성리학적 해설인 셈인데 그림도 복잡하고 내용도 꽤 어려운 편이다. 이 그림에서 가장 중요한 개념은 마음과 본성, 감정이다. 마음이란 인간의 몸을 움직이는 주인이다. 그리고 마음은 본성과 감정을 포함하고 있으며, 이것들을 통제하고 포섭하는 역할도 함께 한다.

그렇기 때문에 마음을 잘 수양하여 바르게 유지하면 자신의 본성을 알 수 있고, 감정을 조절하여 학문의 방법을 깨닫게 된다. 인간이란 사물과 달리 가장 신령스런 기운을 받고 태어난 존재이기에, 마음을 바르게 하면 자연스럽게 본성을 실현할 수 있다.

그림으로 이해하는 심통성정도

이 그림은 상·중·하의 세 개로 나누어져 있으므로 이해하기 쉽게 나누어 설명하고자 한다.

1. 상도(上圖)

상도는 두 영역, 즉 둥근 원 부분과 그 아랫부분으로 나눌 수 있다.

제第6六심心통統성性정情도圖

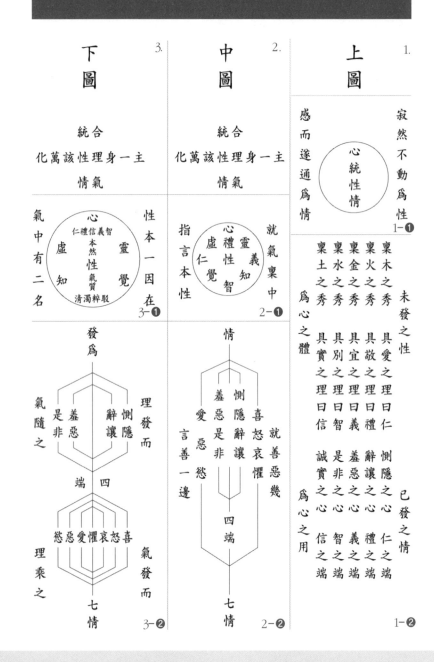

下圖 3.

統合
主一身該萬化者心也
性理氣
情

性 本一 因在
氣中有二名
虛知

心
本然性
仁禮信義智
氣質
清濁粹駁
靈覺

發爲
理發而
氣隨之

惻隱 辭讓 羞惡 是非
四 端

喜怒哀懼愛惡慾
氣發而
理乘之
七情 3-❷

中圖 2.

統合
主一身該萬化者心也
性理氣
情

指言本性
就氣稟中

心
虛覺
仁禮性智
靈知

情
惻隱 辭讓 羞惡 是非
喜怒哀懼
愛惡慾
就善惡幾 言善一邊
四端
七情 2-❷

上圖 1.

寂然不動爲性
感而遂通爲情

心統性情 1-❶

稟木之秀 其愛之理曰仁 惻隱之心仁之端
稟火之秀 其敬之理曰禮 辭讓之心禮之端
稟金之秀 其宜之理曰義 羞惡之心義之端
稟水之秀 其別之理曰智 是非之心智之端
稟土之秀 其實之理曰信 誠實之心信之端
爲心之體

未發之性 爲心之用
已發之情 1-❷

1-① 둥근 원 주변

둥근 원 안에 '심통성정(心統性情)'이라는 말이 있고, 양쪽에 '적연부동위성(寂然不動爲性)', '감이수통위정(感而遂通爲情)'이라는 말이 있다.

여기서는 심(心)·성(性)·정(情)의 관계를 설명하고 있는데, 마음[심(心)]이 본성[성(性)]과 감정[정(情)]을 포괄하면서 통제한다는 뜻이다. 그리고 마음이 고요하고 움직이지 않으면 본성이 되고 다른 사물과 반응하면 정이 된다는 것이다.

감이수통위정(感而遂通爲情)
마음이 사물과 만나 통하게
되면 정이 된다

심통성정
(心統性情)
마음이 성과 정을
통제한다

적연부동위성(寂然不動爲性)
고요하여 움직이지 않으면
성이 된다

1-② 둥근 원 아래를 다시 두 단계로 나누어 설명할 수 있는데, 오른쪽에 보면 '미발지성(未發之性)'과 '이발지정(已發之情)'이라는 말이 있고, 왼쪽에는 '위심지체(爲心之體)'와 '위심지용(爲心之用)'이라는 말이 있다. 이것은 마음의 상태에 따라 성(性)과 정(情), 체(體)와 용(用)의 단계로 분류한 것이다. 따라서 위쪽은 마음이 아직 고요한 상태에 있는 본성과 마음의 본체가 되는 부분이고, 아래는 마음이 다른 사물과 만나 이미 반응한 정과 그 마음의 작용이 되는 부분이다. 이것을 도식으로 나타내면 다음과 같다.

위심지체 (爲心之體) 마음의 본체	구애지리왈인(具愛之理曰仁) 사랑의 이치를 갖추어 인이라고 함	품목지수(稟木之秀) 목의 빼어난 기운을 받음	
	구경지리왈례(具敬之理曰禮) 공경의 이치를 갖추어 예라고 함	품화지수(稟火之秀) 화의 빼어난 기운을 받음	
	구의지리왈의(具宜之理曰義) 마땅한 이치를 갖추어 의라고 함	품금지수(稟金之秀) 금의 빼어난 기운을 받음	미발지성 (未發之性) 아직 발현되 지 않은 본성
	구별지리왈지(具別之理曰智) 변별의 이치를 갖추어 지라고 함	품수지수(稟水之秀) 수의 빼어난 기운을 받음	
	구실지리왈신(具實之理曰信) 진실한 이치를 갖추어 신이라고 함	품토지수(稟土之秀) 토의 빼어난 기운을 받음	

	↓	↓	↓	↓
위심지용 (爲心之用) 마음의 작용	인지단(仁之端) 인의 단서	측은지심(惻隱之心) 측은하게 여기는 마음	
	예지단(禮之端) 예의 단서	사양지심(辭讓之心) 사양하는 마음	
	의지단(義之端) 의의 단서	수오지심(羞惡之心) 부끄럽게 여기는 마음	이발지정 (已發之情) 이미 발현된 감정
	지지단(智之端) 지의 단서	시비지심(是非之心) 옳고 그름을 가리는 마음	
	신지단(信之端) 신의 단서	성실지심(誠實之心) 성실한 마음	

여기서 화살표는 변화의 대응 방향을 나타낸 것인데, 미발지성이 이발지정으로 변화한다는 것을 의미하며 이것은 '마음의 본체'가 '마음의 작용'으로 바뀌면서 생겨난다는 뜻이다. 예를 들어 '품목지수 = 구애지

리왈인'이 아랫쪽에 있는 '측은지심 = 인지단'으로 바뀐다는 것이다. 이렇게 도식 전체는 좌우로 대응하면서 위에서 아래로 변화되는 것이다.

2. 중도(中圖)

중도는 두 영역으로 나누어 볼 수 있다. 먼저 중도라는 글자 밑에는 '합리기(合理氣)'와 '통성정(統性情)'이라는 말이 위에서 아래로 쓰여져 있고, 오른쪽에는 '주일신(主一身)', 왼쪽에는 '해만화(該萬化)'라는 글이 있다. 이 글은 하도 밑에도 똑같이 있는데, 마음이란 이와 기가 합해져서 이루어진 것으로 성과 정을 통제한다는 성리학의 이기론(理氣論)을 보여 주는 곳이다.

> 합리기(合理氣) 마음이란 이와 기가 합해져서 만들어진 것이며
>
> ⟶ 주일신 해만화(主一身 該萬化) 일신을 주재하고 모든 변화가 갖추어진 곳이다
>
> 통성정(統性情) 성과 정을 통제하는 것이다

2-① 중도의 첫 번째 영역은 원을 중심으로 한 부분인데, 원의 양쪽에는 '취기품중(就氣稟中)', '지언본성(指言本性)'이라는 말이 있다.

지언본성(指言本性)
본연의 성만을 가리켜 말한 것

취기품중(就氣稟中)
부여받은 기 속에서

원 안에 있는 글자를 자세히 살펴보면, 가운데에 '성(性)'이라는 글자가 있고, 그 위에 '허령(虛靈)'이 있으며, 아래로 '지각(知覺)'이라는 글자가 있다. 그리고 그 사이마다 '인(仁)'·'의(義)'·'예(禮)'·'지(智)'가 각각 배치되어 있다. 그리고 작은 글씨로 원의 제일 윗부분에 '심(心)'이 자리잡고 있다. 여기서 허령과 지각은 심을 표현한 말이고, 인·의·예·지는 성을 의미한다. 그리고 심을 위에 배치하고 성을 가운데 배치한 것은, 성(본성)이 심(마음) 속에 있지만, 본성 또한 인간의 본질적 요소임을 강조하기 위한 것이다.

2-② 중도의 두 번째 영역은 원 아래에 있는 부분인데, 원의 바로 밑에 '정(情)'이라는 글자가 있고, 그 아래의 양쪽에는 '취선악기(就善惡幾)', '언선일변(言善一邊)'이라는 말이 있다. 정 아래에는 사단(四端)과 칠정(七情)이 각각 배치되어 있다.

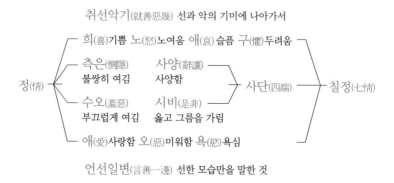

취선악기(就善惡幾) 선과 악의 기미에 나아가서

정(情) ─ 희(喜)기쁨 노(怒)노여움 애(哀)슬픔 구(懼)두려움 ─ 사단(四端) ─ 칠정(七情)
측은(惻隱) 사양(辭讓)
불쌍히 여김 사양함
수오(羞惡) 시비(是非)
부끄럽게 여김 옳고 그름을 가림
애(愛)사랑함 오(惡)미워함 욕(慾)욕심

언선일변(言善一邊) 선한 모습만을 말한 것

사단은 '측은(惻隱)'·'수오(羞惡)'·'사양(辭讓)'·'시비(是非)'이고, 칠정은 '희(喜)'·'노(怒)'·'애(哀)'·'구(懼)'·'애(愛)'·'오(惡)'·'욕(慾)'을 말한다. 본성이 발현되면 감정이 되는데, 이때 선한 것만을 가리켜 나타낸 것이 중도다. 따라서 사단과 칠정도 모두 선한 모습만을 나타낸 것이다. 사단은 이(理)에서 발현하고 칠정은 기(氣)에서 발현한다. 따라서 사단은 선하지만, 칠정은 선과 악을 함께 가지고 있게 된다. 그렇기 때문에 칠정은 잘 조절이 되면 선하게 되고 조절이 되지 않으면 악한 모습으로 나타난다. 위의 그림은 사단과 칠정의 선한 부분만을 말하고자 한 것이다.

3. 하도(下圖)

하도 역시 원의 영역과 그 아래의 영역으로 나누어 볼 수 있다. 원 안에 있는 것은 마음[심(心)]과 본성[성(性)]의 개념을 나타내고 있으며, 그 아랫부분은 본성이 발현되어 감정[정(情)]이 되는 과정을 나타내고 있다. 그런데 이 하도는 중도와 다른 점이 있다. 즉, 중도가 선악의 기미 중에서 선한 부분만을 말한 것이라면, 하도는 성의 발현이 기질 때문에 두 측면으로 나타나는 것을 설명한 것이다.

3-① 먼저 원의 양쪽에는 '성본일인재(性本一因在)', '기중유이명(氣中有二名)'이라는 글이 있다. 둥근 원의 글자들이 매우 복잡하게 얽혀 있는

데, 천천히 살펴보면 알 수 있을 것이다. 또한 글자가 거꾸로 되어 있기 때문에 뒤집어 보아야 한다. 원의 중심에는 역시 '성(性)'이라는 말이 있다. 성의 바로 위에는 '본연(本然)', 바로 아래에는 '기질(氣質)'이라는 말이 있다. 그 위에는 '인(仁)'·'예(禮)'·'신(信)'·'의(義)'·'지(智)', 맨 아래에는 '청탁수박(淸濁粹駁)'이라는 글이 있다. 그리고 중도와 마찬가지로 원의 가장 위에는 '심(心)'이라는 글자가 있다.

기중유이명(氣中有二名)
기 속에서는 두 가지의 이름이
있게 된다

성본일인재(性本一因在)
성은 본래 하나로 인하여
존재하는데

본성은 본래 하나인데, 기의 맑고, 탁하고, 순수하고, 뒤섞인 차이[청탁수박]에 따라서 두 가지의 이름을 갖게 된다. 그것이 바로 '본연의 성'과 '기질의 성'이다. 그렇기 때문에 본성이 발현되어 감정이 될 때도 사단과 칠정으로 구분되는 것이다. 좋고 선한 부분은 사단이고, 악한 요소를 포함한 부분이 칠정이다. 따라서 둥근 원 안에 있는 성과 그것이 발현되어 칠정이 되는 연결고리가 바로 아래의 '발(發)'이다.

3-② 본성이 발현되어 두 가지로 나타나는데, 한 측면은 측은·수오·사양·시비의 사단이고, 다른 한 측면은 희·노·애·구·애·오·욕

의 칠정이다. 따라서 하도의 아랫부분은 사단과 칠정의 영역으로 구분
되었다. 사단의 양쪽에는 '이발이 기수지(理發而 氣隨之)', 칠정의 양쪽에
는 '기발이 이승지(氣發而 理乘之)'라는 말이 있다. 즉, 사단이란 '이(理)가
발현하는데 기(氣)가 거기에 따르는 것'이고, 칠정은 '기(氣)가 발현하는
데 이(理)가 그 위에 올라타는 것'이라는 의미다.

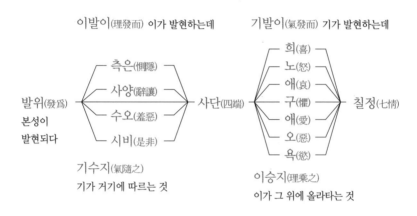

간단하게 보면 심(마음) 속에 성(본성)과 정(감정)이 있기 때문에 심
이 성과 정을 통제하는 기능을 한다. 이 셋 중에서 성이 발현되어 정
이 되는데, 선한 모습만을 가지는 사단과 선악을 함께 가지는 칠정
으로 나타난다. 즉, 사단과 칠정 모두 정에 속하지만 사단은 선한 부
분만을 갖추고 있을 뿐이다.

사단은 측은지심, 수오지심, 사양지심, 시비지심을 말하는데, 이
것은 그 의미가 확대되어 인·의·예·지의 사덕(四德)이 된다. 즉, 사

단은 씨앗의 눈과 같은 것이고, 사덕은 열매와 같은 것이다. 씨앗이 발아해서 새싹이 나오고, 꽃이 피고 열매가 맺는 과정을 생각하면 사단에서 사덕으로 발전하는 것을 이해할 수 있다. 칠정은 일곱 가지의 감정을 말하는데, 사물과 접촉하면서 선악이 결정된다. 따라서 잘 조절하면 선이 되고, 잘못 조절하면 악이 된다. 따라서 칠정은 경계하고 조절해야 할 대상이다.

마음을 바르게 하라

임은 정씨(정복심)가 말하였다. 마음이 성(性)과 정(情)을 통제한다는 것은, 인간이 오행 중에서 빼어난 것을 부여받아서 태어났고, 그 빼어난 것 속에 오성(五性)이 갖추어져 있으며, 그 오성이 움직이는 데서 일곱 가지 정[칠정(七情)]이 나온다는 말이다. 무릇 성과 정을 통제하는 것은 마음이다. 그러므로 그 마음이 고요하여 움직이지 않으면 성이 된다. 이것이 바로 마음의 본체다. 또한 마음이 사물과 만나 통하게 되면 정이 되는데, 이것이 바로 마음의 작용이다.

장횡거가 "마음이 성과 정을 통제한다."고 했는데, 이 말은 옳다. 마음이 성을 통제하기 때문에 인·의·예·지를 성이라 하며, 또한 인의의 마음[인의지심(仁義之心)]이라는 말도 있게 된다. 마음이 정을 통제하기 때문에, 불쌍히 여기는 것, 부끄럽게 여기는 것, 사양하는 것, 옳고 그름을 가리는 것을 정이라 하며, 또한 불쌍하게 여기는 마음[측은지심(惻隱之心)], 부끄러워하는 마음[수오지심(羞惡之心)], 사양하는 마음[사양지심(辭讓之心)], 옳고 그름을 가리는 마음[시비지심(是非之心)]이라는 말도 있게 된다.

마음이 성을 통제하지 않으면 아직 나타나지 않은 마음이 절도에 맞을 수 없게 되어 성이 뚫리기가 쉽다. 마음이 정을 통제하지 않으면 절도에 맞는 조화를 이룰 수 없게 되어 정이 방탕해지기 쉽다. 학자들이 이것을 알아서 먼저 마음을 바르게 하고 자기의 성을 길러 정을 다스린다면, 학문의 방법을 익힐 수 있을 것이다.

이 글은 정복심이 쓴 것이다. 여기서 핵심이 되는 단어는 심·성·정이며, 이들의 관계를 이해하는 것이 심통성정도를 이해하는 중요한 열쇠다. 여기서 '심'은 마음, '성'은 본성, '정'은 감정이라고 해석하는 것이 좋을 것 같다. 그러므로 제목에 나타난 '심통성정(心統性情)'이라는 말은 '인간의 마음이 본성과 감정을 통제하고 끌어안는다.'는 뜻이다. 즉, 마음속에 본성과 감정이 포함되어 있다는 말이다.

마음이 고요하게 있으면 그것이 바로 본성이 되고, 마음이 사물과 만나 움직이면 감정이 생긴다. 따라서 본성은 선한 것만을 말하고 감정은 선과 악이 함께 있는 것을 말한다. 일반적으로 인·의·예·지는 본성에 속하고, 측은·수오·사양·시비는 감정에 속한다. 본성은 항상 선하지만, 감정은 잘 조절하면 선하게 되고 조절을 잘못하면 악하게 된다.

우리 속담에 "열 길 물속은 알아도 한 길 사람 속은 알 수 없다."는 말이 있다. '사람 속'은 무엇일까? 그것은 바로 마음이다. 아무리 깊은 물이라고 해도 그 속에 무엇이 있는지 들어가 보면 알 수가 있다. 그러나 사람의 마음은 그 깊이를 헤아릴 수가 없다. 따라서 인간의 마음과 본성, 그리고 감정에 대해 알기는 쉽지 않다. 그렇기 때문에 《성학십도》 가운데 가장 어려운 그림이 바로 심통성정도라고 생각된다.

예를 한 가지 들어 보자. 철수는 친구하고 싸워서 기분이 좋지 않았다. 그래서 집으로 가서 쉬기로 했다. 집에 들어가자 작고 귀여운 강아지가 껑충껑충 뛰면서 철수를 반갑게 맞이했다. 기분이 좋지 않았던 철수는 반가워하는 강아지의 모습이 귀찮게 느껴졌다. 그래서 발로 강아지를 차고 말았다. 강아지는 도망가고, 철수 역시 아픈 마음을 안고 자기 방으로 들어갔다.

이 상황을 미루어 생각해 보면, 철수가 기분 나쁜 것은 친구와 싸웠기 때문이다. 그런데 집으로 돌아와서 강아지한테 그만 화풀이를 하고 만 것이다. 바로 화풀이를 한 이 시점이 감정이 악으로 흐른 경우다. 만약 철수가 나쁜 기분을 자기 혼자 간직하고 말았다면 그것은 악이 되지 않는다. 이처럼 감정은 잘 처리하면 선이 되지만 그렇지 못하면 악이 된다.

그러므로 이 그림에서 말하고자 하는 것은 마음이 움직일 때나 움직이지 않을 때나 모두 마음을 살피고 공부해야 한다는 것이다. 마음을 어떻게 다스리느냐에 따라 고난과 역경도 극복할 수 있고, 아무리 화가 나도 한 순간만 참으면 욕을 면할 수 있다. 따라서 마음을 수양하고 극복하며, 욕심을 자제하는 것이야말로 성학의 지름길이다.

신(臣)은 다음과 같이 생각하였습니다. 정자의 호학론(好學論)에서는 '정을 제약한다.'는 말이 '마음을 바르게 하여[정심(正心)] 자기의 성을 기른다[양성(養性)].'는 말 앞에 있는데, 여기서는 도리어 그것을 뒤에 두었습니다. 여기서는 '마음이 성과 정을 통제한다.'는 것을 말하고 있기 때문입니다. 그러나 그 이치를 연구하여 말한다면 정자가 논한 순서에 따라야 할 것입니다. 그림에 마땅하지 못한 곳이 있어서 약간 고쳤습니다. 이상의 세 그림 중에서 위에 있는 그림은 정복심이 직접 그림을 그리고 해설을 붙인 것입니다. 그리고 가운데와 아래에 있는 두 그림은 성현께서 말씀하시고 가르친 뜻에 근거하여 제가 그린 것입니다.

이 문장부터 끝까지는 퇴계의 설명이다. 퇴계 역시 심통성정도의 어려움을 알고 있었는지 자세하게 다시 설명하고 있다. 이미 말했듯이 심통성정도는 세 개의 그림으로 되어 있는데, 두 번째와 세 번째는 퇴계가 직접 그린 것이다.

가운데에 있는 그림은 부여받은 기 속에서 본연의 성이 그 기와 섞이지 않았음을 지적한 것입니다. 자사(子思, 노나라의 유학자)가 말한 "하늘이 명한 성", 맹자가 말한 "성선(性善)의 성", 정자가 말한 "성이 곧 이(理)라고 하는 성", 장횡거가 말한 "천지의 성"과 같은 것이

122

바로 이것입니다. 본성을 이와 같이 말하였기 때문에, 겉으로 드러나서 감정이 된 것에 대해서도 모두 선(善)을 지적하여 말한 것입니다. 자사가 말한 "절도에 맞는 정", 맹자가 말한 "사단의 정", 정자가 말한 "어찌 선하지 않은 것으로 이름할 수 있겠는가의 정", 주자가 말한 "성에서 흘러나왔기 때문에 본래 선하지 않음이 없다고 한 정"이 바로 이것입니다.

위 글은 두 번째 그림에 대해 설명한 부분이다. 인간의 본성도 두 가지로 구분해서 볼 수 있는데, '본연의 성'과 '기질의 성'이 그것이다. 본연의 성은 타고난 본래대로의 성이고, 기질의 성은 육체를 부여받음으로 인해서 생겨나는 성이다. 따라서 본연의 성은 아주 맑고 선한 모습이지만, 기질의 성은 잘 단속하면 선하게 되고 잘못 단속하면 악하게 된다. 이것은 인간이 육체를 가지고 있기 때문에 생겨나는 문제다.

두 번째 그림은 이 가운데 본연의 성의 입장에서 말한 것이다. 자사는 공자의 손자로 《중용》이라는 책을 지었다고 한다. 맹자의 성선설에 직접적인 영향을 준 인물이다. 이렇게 본연의 성의 입장에서 말하고 있기 때문에, 본연의 성이 겉으로 드러나서 감정이 될 때도 역시 선한 모습을 간직하게 된다.

아래에 있는 그림(세번째 그림)은 이(理)와 기(氣)를 합해서 말한 것입니다. 공자가 말한 "서로 비슷한 성", 정자가 말한 "성이 곧 기이고, 기가 곧 성이라고 한 성", 장횡거가 말한 "기질의 성", 주자가 말한 "비록 기질 속에 있더라도 기는 기이고 성은 성일 뿐이지 서로 섞이지 않는다고 한 성"이 바로 이것입니다. 본성을 이와 같이 말했기 때문에, 겉으로 드러나서 감정이 되는 것 역시 이와 기가 서로 의지하거나 혹은 서로 방해하는 점을 가지고 말한 것입니다.

예를 들면, 사단과 칠정 같은 경우입니다. 사단은 이가 발현하여 기가 따르는 것이므로 본래 선하여 악이 없습니다. 그러나 이가 완전하게 발현하지 못해서 기에 가려지면 선하지 못한 쪽으로 흐르게 되는 것입니다. 칠정은 기가 발현할 때 이가 거기에 올라타는 것이므로 또한 악이 있을 수 없습니다. 그러나 만약 기가 발현될 때 절도에 맞지 못하여 이를 없앤다면 방탕해져서 악이 되는 것입니다. 그렇기 때문에 정자는 "성을 논하면서 기를 논하지 않으면 완전히 갖춰진 것이 아니고, 기를 논하면서 성을 논하지 않으면 분명하지 않게 된다. 그러므로 두 가지를 분리하는 것은 옳지 않다."라고 말했던 것입니다.

그런데 맹자와 자사가 단지 이만을 가리켜서 말한 것은 완전히 갖춰지지 못해서가 아니라, 기를 겸하여 말하면 성의 본래 선함을 드러낼 수 없었기 때문입니다. 이것이 가운데 그림의 의미입니다.

요컨대, 이와 기를 겸하고 성과 정을 통제하는 것이 바로 마음입니다. 그리고 성이 겉으로 드러나서 정이 되는 순간이 바로 일심(一心)이 싹트는 곳이며, 만 가지로 변화되는 핵심이고, 선악이 나뉘는 분기점입니다. 학자는 진실로 경(敬)을 간직하는 데 전념하여, 천리와 인욕의 분별에 어두워지지 말고, 더욱 이것을 삼가야 합니다. 그리하여 성이 아직 겉으로 드러나지 않았을 때에는 본성을 잃지 않도록 착한 성품을 기르는 공부를 깊이 해야 할 것이며, 성이 이미 겉으로 드러났을 때에는 성찰하는 습관을 잘 갖추어 진리를 쌓고 오랫동안 힘써야 할 것입니다. 그러면 이른바 "오로지 한결같이 하여 중용의 도를 잡는다[정일집중(精一執中)]."는 성학과 "본체를 보존하여 응용할 수 있다[존체응용(存體應用)]."는 심법을 밖에서 구하지 않아도 여기에서 모두 얻을 수 있을 것입니다.

세 번째 그림은 우주의 원리인 이기(理氣)를 합해서 성정(性情)을 설명한 것이다. 즉, 만물이 생성될 때 이와 기가 분리되지 않듯이 인간의 마음에서도 성과 정이 분리되지 않지만, 어떤 것을 중심으로 말하느냐에 따라서 달라질 수 있다는 말이다.

퇴계는 사단과 칠정에 대해서 "사단은 이가 발현하여 기가 따르는 것이고, 칠정은 기가 발현할 때 이가 거기에 올라타는 것이다."라고 설명하였다. 이 말이 무슨 뜻인지 이해하기 어렵다. 예를 들어 사람이 말을 타고 가는 것을 상상해 보자. 사람은 이에 해당하고 말은 기에 해당한다. 먼저 사람이 말을 탄 후 그 말을 가고 싶은 곳으로 잘 몰고 가는 경우가 바로 '이가 발현해서 기가 따르는 것'이다. 반대로 말이 먼저 움직이는데 그 말에 사람이 올라탄다면 말은 자기가 가고 싶은 곳으로 갈 수도 있다. 이런 경우가 바로 '기가 발현할 때 이가 올라타는 것'이다. 따라서 사단은 사람이 말을 이끄는 것과 같기 때문에 방향을 잘 찾지만, 칠정은 말이 사람을 데리고 가는 것이므로 방향을 제대로 찾지 못할 수도 있다. 물론 사단의 경우에도 말이 갑자기 놀라거나 해서 사람이 제대로 이끌 수 없다면 방향을 제대로 찾지 못할 수도 있다. 그러나 그런 경우는 많지 않다.

이러한 비유가 적합할지 모르지만, 이렇게 이해하는 것이 조금은 도움이 되리라고 본다. 하지만 만물 속에서 이기가 분리되지 않듯이 인간에게 있어서도 성정은 분리되지 않는다. 따라서 본성은 잘 보존하고 감정은 잘 조절해야 한다.

인설도 (仁說圖)

대체로 인(仁)이라고 하는 도는 천지가 만물을 생성하는 마음으로 만물에 부여
되어 그 속에 보존되어 있다. 정(情)이 겉으로 드러나기 전에는 이 본체가 이미
갖추어져 있고, 정이 이미 겉으로 드러나면 그 작용은 끝이 없게 된다. 진실로
이것을 몸소 깨달아 보존할 수만 있다면 모든 선의 근원과 모든 행실의 근본이
모두 여기에 있게 된다.

第七仁說圖

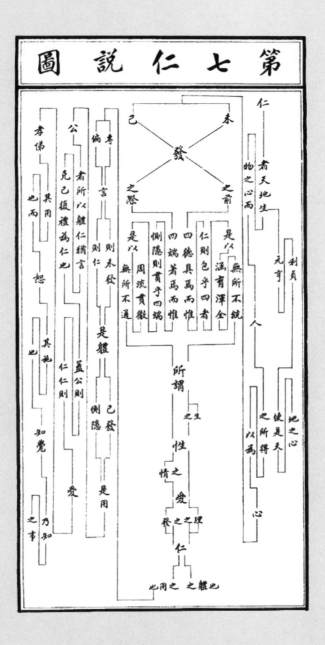

7. 인설도 - 인을 본체로 삼아라

인설도(仁說圖)는 성리학의 집대성자인 주자가 글과 그림을 모두 만들었다. 인(仁)이란 공자 사상의 핵심으로, 쉽게 말하면 사람을 사랑하는 것이라고 할 수 있다. 천지가 만물을 생성하는 마음이 인이고, 사람도 이것을 이어받아서 자신의 마음으로 삼는다. 즉, 인은 생명을 낳는 소중한 마음이기에 모든 것에 두루 통하는 것이다. 인간에게는 네 가지의 덕이 있는데, 바로 인·의·예·지다. 그 가운데 인은 나머지를 모두 포괄하는 가장 중요한 덕이며, 인의 발현이 곧 사랑의 실현이다.

따라서 인을 깨닫고 잘 보존하면 세상의 모든 선함이 그 속에서 나오게 되고, 인간의 모든 행실도 인에 의해서 이루어지게 된다. 그러므로 인설도는 인의 본질을 인식하고 인의 실현을 통하여 인간의 도리를 다해야 한다고 말하고 있다.

그림으로 이해하는 인설도

인설도는 열 개의 그림 중에서 가장 복잡한 그림이다. 주로 선으로 연결되어 있기 때문에 선의 연결을 잘 살펴야 한다. 먼저 이 그림은 세 영역으로 나누어 살펴볼 수 있다.

1. 오른쪽에 '인(仁)'이라는 글자를 시작으로 해서 선을 따라가면 다음과 같이 연결된다.

제第 7七 인仁 설設 도圖

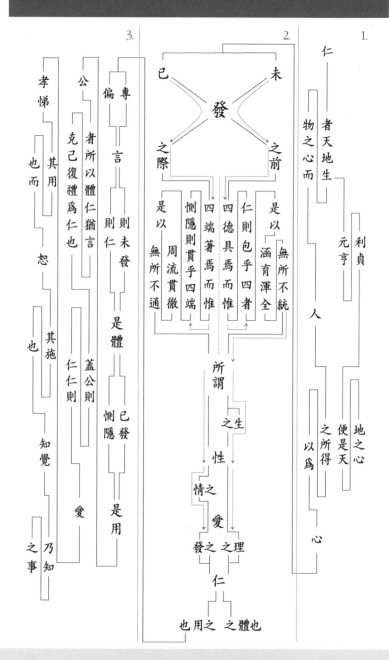

1.
仁—仁—者天地生—物之心而—人—以爲—心

元亨—利貞

便是天—之所得

地之心

2.
已　　未

發

之際　　之前

是以—無所不統

涵育渾全

仁則包乎四者—是以—無所不統

四德具焉而惟

惻隱則貫乎四端

四端著焉而惟

是以—無所不通

周流貫徹

所謂

之生

性

情之

愛

發之—之理

仁

也用之　之體也

3.
專—則—未發—是體—已發

偏—言—則—仁—是體—惻隱—是用

公—者所以體仁猶言—蓋公則—仁仁則—愛

克己復禮爲仁也

孝悌—其用—也而—恕—也—其施—也—知覺—乃知—之事

克己復禮爲仁也

인— 자 천지생──┬─물지심 이 — 인 — 지소득 — 이위 — 심
(仁 者 天地生 │ 物之心 而 人 之所得 以爲 心)

인이란 천지가 만물을 생성하는 마음으로, 사람이 그것을 얻어서 마음으로 삼는다

└─ 원형 — 이정 — 변시천 — 지지심
元亨 利貞 便是天 地之心)

원형이정은 곧 천지의 마음이다

    위는 인의 정의를 나타낸 문장이다. 인이란 천지의 마음이며, 인간이 그것을 부여받아 자신의 마음으로 삼는다. 이러한 마음은 우주에 있어서는 원(元)·형(亨)·이(利)·정(貞)의 사덕으로 나타나며, 인간에게는 인(仁)·의(義)·예(禮)·지(智)의 사덕으로 나타난다.

    2. 두 번째 영역은 인을 '미발(未發)'과 '이발(已發)', '체(體)'와 '용(用)'으로 구분한 것이다. 미발이란 인이 아직 발현하기 전의 상태를 말하고, 이발이란 인이 이미 발현된 뒤의 상태를 말한다. 즉, 인이 '발현되기 전[미발지전]'에는 인·의·예·지의 사덕을 포괄하고 모든 것을 생성하게 하는 본성[생지성]과 사랑의 이치[애지리]를 갖고 있는 본체가 된다. 반면에 '인이 이미 발현되었을 때[기발지제]'에는 사단이 드러나고, '성이 발현되어 정[성지정]이 되고' 사랑하는 마음이 발현[애지발]된다.'

미(未)　지전(之前) －사덕구언 이유 －인즉포호사자 －시이 －함육혼전──
　　　　　　　　(四德具焉 而惟　仁則包乎四者　是以　涵育渾全

　　　　　　　무소불통 －소위 －생지 －성 －애 －지리 －인 －지체야
　　　　　　　無所不統　所謂　生之　性　愛　之理　仁　之體也)

발(發)　　아직 발현되기 전에는 사덕이 갖추어져 있는데, 오직 인만이 사덕을
　　　　　포괄한다. 그러므로 인은 모든 것을 함양하고 육성하여 포괄하지 않
　　　　　음이 없다. 이른바 '생성하게 하는 본성'이라든가 '사랑의 이치'가 '인
　　　　　의 본체'다

이(已)　지제(之際) －사단저언 이유 －측은즉관호사단 －시이 －주류관철──
　　　　　　　　(四端著焉 而惟　惻隱則貫乎四端　是以　周流貫徹

　　　　　　　무소불통 －소위 －성 －지정 －애 －지발 －인 －지용야
　　　　　　　無所不通　所謂　性　之情　愛　之發　仁　之用也)

이미 발현되었을 때는 사단이 드러나는데, 오직 측은지심만이 사단
을 관통한다. 그러므로 두루 흘러 관통하지 않음이 없는 것이다
이른바 '성의 발현은 정이다.'라든가 '사랑하는 마음의 발현'이 바로
'인의 작용'이다

3. 전체적으로 말하면 미발이 본체이고, 이발이 작용이다. 부분적으
로만 말한다면 인이 곧 본체이고, 측은지심이 작용이 된다. 이것은 인
과 측은을 체와 용으로 분류한 것이다. 그림에 나온 글을 살펴보자.

┌　전─ 언─ 즉미발 ─ 시체 ── 이발 ── 시용
│　(專　言　則未發　是體　已發　是用)
│　전체적으로 말하면 아직 발현되지 않은 것이 본체이고, 이미 발현된 것이 작용이다
└　편─ 언─ 즉인 ── 시체 ── 측은 ── 시용
　　(偏　言　則仁　是體　惻隱　是用)
　　부분적으로 말하면 인은 본체이고, 측은지심은 작용이다

이상과 같이 인을 미발과 이발, 체와 용으로 분류하고, 뒤에 이어지는 부분에서 '공(公)'이라는 개념을 적용시켜 인을 몸소 체험하여 얻는 방법이나 실천의 문제를 설명하고 있다. 공이란 공적인 입장을 말하는 것으로 사적인 것과 대립되는 개념으로 이해하면 좋을 것이다. 인의 실천은 '효제(孝悌)'와 '서(恕)'로 이루어진다. 서란 남이 원하지 않는 일은 시키지 않는 것을 말한다. 그림에 나온 글을 살펴보자.

── 공－자 소이체인 유언－극기복례위인야－개공즉 －인 인즉－애──
(公　者　所以體仁　猶言　克己復禮爲仁也　蓋公則　仁 仁則　愛

효제－기용－야이－서－기시－야－지각－내지－지사
孝悌　其用　也而　恕　其施　也　知覺　乃知　之事)

공이란 인을 몸소 체험하여 얻는 방법인데, 마치 "자기의 욕망을 극복하여 예를 회복하는 것이 인을 행하는 것이다."라는 말과 같다. 대체로 공적이면 어질게 되고, 어질면 남을 사랑하게 된다. 효제는 인의 작용이고, 서는 인을 베푸는 것이며, 지각은 곧 인을 아는 것이다

인을 본체로 삼아라

주자가 말하였다. 인(仁)이란 천지가 만물을 생성하는 마음으로, 사람이 그것을 얻어서 마음으로 삼은 것이다. 겉으로 드러나기 전에는 마음에 사덕이 갖추어져 있는데, 인·의·예·지 가운데 오직 인만이 모든 덕을 포괄한다. 그러므로 인은 모든 것을 함양하고 육성하여 포괄한다. 이른바 '생성하게 하는 본성[생지성(生之性)]'이라든가 '사랑의 이치[애지리(愛之理)]'가 '인의 본체[인지체(仁之體)]'이다. 이미 겉으로 드러났을 때는 사단이 되지만, 사단 중에서 오직 측은지심만이 나머지를 관통한다. 이른바 '성의 발현이 정이다[성지정(性之情)].'라든가 '사랑하는 마음의 발현[애지발(愛之發)]'이 바로 '인의 작용[인지용(仁之用)]'이다. 전체적으로 말하면 아직 발현되지 않은 것이 본체이고, 이미 발현된 것이 작용이다. 부분적으로 말하면, 인은 본체이고 측은지심은 작용이다.

공(公)이란 인을 몸소 체험하여 얻는 방법인데, 마치 "자기의 욕망을 극복하여 예를 회복하는 것이 인을 행하는 것이다."라는 말과 같다. 공적이면 어질게 되고, 어질면 남을 사랑하게 된다. 효제(孝悌)는 인의 작용이고, 서(恕)는 인을 베푸는 것이며, 지각은 곧 인을 아는 것이다.

134

인이란 무엇일까? 일반적으로 공자 사상의 핵심 개념 또는 유가의 중심 사상으로 알려져 있다. 그리고 인에 대한 뜻을 '사랑'이라는 말로 쉽게 풀이하는 경우가 많다. 인설도는 바로 이러한 인의 개념과 뜻을 나타낸 그림이다.

이 그림에 나타난 '인'이란 인간의 마음인데, 그 인간의 마음은 천지의 마음으로부터 주어졌다고 한다. 천지는 만물을 생성시킨다. 하늘은 만물을 덮어 주고, 땅은 만물을 길러 주는 역할을 하면서 생명을 키운다. 천지가 만물을 생성시키는 마음이 바로 인이다. 그리고 이것을 인간이 받아서 자신의 마음으로 삼았던 것이다. 따라서 인은 '생명'의 원천이라고 할 수 있다.

그러나 인간에게 주어진 것은 인만이 아니다. '의(義, 정의)'와 '예(禮, 예의)'와 '지(智, 지혜)'도 모두 인간이 태어나면서부터 주어진 것이다. 이것을 '사덕'이라고 하는데, 이 가운데서도 인이 나머지를 대표하고 포용하는 가장 크고 중요한 개념이다.

그런데 이 네 가지의 덕이 마음속에 있다가 사물과 만나면서 밖으로 드러나면 사단이 된다. 불쌍하게 여기는 마음인 측은지심(惻隱之心), 자신의 잘못을 부끄럽게 여기는 마음인 수오지심(羞惡之心), 남에게 사양하고 양보하는 마음인 사양지심(辭讓之心), 옳고 그름을 가리는 마음인 시비지심(是非之心)이 그것이다. 인간은 누구나 이러한 네 가지의 단서를 가지고 있다. 사단은 무한히 넓어지고 커질 가능성이 있기 때문에 그것을 잘 키워 나가면 바로 인·의·예·지가 된다.

예를 들어 보자. 예전에는 시골에 가면 우물이 동네마다 있었다. 이 우물은 땅에서 그리 높지 않게 만들어져 있었는데, 마을의 아낙네들이 이곳에 모여 빨래도 하고, 물건을 씻기도 하고, 아이들 목욕도 시키곤 했다. 어떤 젊은 아낙네가 이제 막 기어다니기 시작한 어린아이를 내려놓고 빨래를 하고 있었다. 그런데 이 어린아이가 엉금엉금 기어서 우물로 다가갔다. 조금만 더 가면 어린아이가 우물에 빠질 위험에 처하게 된다.

만약 이때 누군가 어린아이를 발견했다면 어떻게 할까? 아마 얼른 뛰어가 아이를 잡으려고 할 것이다. 왜 그럴까? 바로 측은지심이 있기 때문이다. 이러한 마음을 크게 키워 나가면 바로 모든 만물을 사랑하는 어진 마음인 '인'이 되는 것이다.

인의 실천은 바로 공적인 이익을 만들어 가는 것이다. 누구나 함께 행복한 삶을 살 수 있도록 배려하고 봉사하며, 사랑을 베풀어야 한다. 내가 원하는 것이 있다면 다른 사람에게 양보하고, 내가 좋은 자리에 앉고 싶다면 남에게 그 자리를 먼저 권하는 것이 바로 인의 실현 방법이다. 이것을 '서(恕)'라고 한다.

인의 실천은 어려운 것이 아니다. 자신이 할 수 있는 가장 가까운 곳에서부터 하면 된다. 부모를 사랑하고 형제간에 우애를 지키며, 어른을 공경하고 친구간에 믿음을 주는 것부터 시작하면 된다. 그리고 이러한 마음이 모든 사람들과 모든 생물에까지 미치도록 해야 한다. 이것이 인설도의 진정한 의미다.

또 말하였다. 천지의 마음은 네 가지의 덕을 가지고 있는데, 곧 원(元)·형(亨)·이(利)·정(貞)이며, 그 가운데 원이 나머지를 포괄한다. 네 가지의 덕이 운행하면 봄·여름·가을·겨울의 차례가 되는데, 봄의 생동하는 기운은 나머지 계절에 모두 통한다. 사람의 마음에도 네 가지의 덕이 있는데, 바로 인·의·예·지다. 그 가운데 인이 나머지를 모두 포괄한다. 이것이 드러나면서 작용하게 되면 애(愛)·공(恭)·의(宜)·별(別)이 되는데 측은지심, 즉 애의 정이 나머지를 관통한다.

인간에게 네 가지의 덕이 있는 것처럼 천지에도 네 가지의 덕이 있는데, 그것을 만물이 소생하고 성장하고 성숙하고 완성되는 원·형·이·정이라고 한다. 원·형·이·정이 운행하는 것이 곧 사계절이다. 이러한 천지의 덕이 인간에게 오면 인·의·예·지가 된다. 이것이 겉으로 드러나면 사랑[애(愛)]·공경[공(恭)]·마땅함[의(宜)]·구별[별(別)]이 된다.

인간에게 정말 네 가지 덕과 네 가지의 단서가 되는 마음이 있는 것일까? 남을 사랑하는 마음, 정의로운 마음, 예의를 지키려는 마음, 옳고 그름을 가리려는 마음을 잘 키워 나가면 정말 인·의·예·지의 덕을 간직할 수 있을까? 예전의 성인들은 인간은 누구나 성인이 될 수 있다고 하였다. 그것은 바로 자기의 마음에 이미 인·의·예·지가 있기 때문에 그것을 잘 간직하면 성인이 될 수 있다고 생각했기 때문이다.

대체로 인이라고 하는 도는 천지가 만물을 생성하는 마음으로 만물에 부여되어 그 속에 보존되어 있다. 정(情)이 겉으로 드러나기 전에는 이 본체가 이미 갖추어져 있고, 정이 이미 겉으로 드러나면 그 작용은 끝이 없게 된다. 진실로 이것을 몸소 깨달아 보존할 수만 있다면 모든 선의 근원과 모든 행실의 근본이 모두 여기에 있게 된다. 이것이 공문(孔門, 공자 문하)의 가르침이 반드시 배우는 사람으로 하여금 '인을 찾는 일'에 무엇보다 앞서라고 하는 이유다.

공자가 《논어》에서 "자기의 욕망을 극복하여 예를 회복하는 것이 인을 행하는 것[극기복례위인(克己復禮爲仁)]"이라고 한 말은, 자기의 욕심을 이겨내고 천리를 회복한다면 이 마음의 본체가 보존될 것이며, 이 마음의 작용이 모두 행해질 것이라는 뜻이다. 또한 공자가 "평소 거처할 때에는 공손하게 하고, 일을 할 때에는 공경스런 태도로 하며, 남과 사귈 때에는 진실된 마음으로 해야 한다."라고 말한 것도 어진 마음을 보존하라는 것이다.

또 말하기를 "효성으로 부모를 섬기고, 공경하는 마음으로 형을 섬기며, 이해하는 마음으로 사물을 대하는 것은 어진 마음을 실천하는 것이다." 그럼 이 마음은 어떠한 마음인가? 천지에 있어서는 한없이 만물을 생성하는 마음이고, 사람에게 있어서는 따뜻하게 사람을 사랑하는 마음이므로, 사덕을 포괄하고 사단을 꿰뚫는 것이다.

공자는 제자들에게 인을 행하도록 가르쳤다. 인의 실천을 통해서 착한 행실과 착한 마음이 드러나기 때문이다. 그래서 공자는 가장 총명하고 아끼는 제자였던 안회에게 인을 설명할 때 '극기복례'라고 했다. 자신이 가지고 있는 개인적인 욕심을 버리고 천지가 만물을 생성하듯이 모든 만물을 사랑하라는 것이다. 그리고 평소 거처할 때나, 어떠한 일을 할 때, 다른 사람을 사귈 때에도 모두 인의 마음을 가져야 한다. 특히 자기의 부모와 형제를 사랑하는 사람은 이웃의 어른에게도 사랑을 베풀 줄 안다. 어른들이 효도하라는 말을 잔소리처럼 하는 것도 모두 인을 실천하라는 말이다.

어떤 사람이 물었다. "당신의 말과 같다면 정자가 '애(愛)는 정(情)이고, 인(仁)은 성(性)이므로 사랑을 가지고 인이라고 말할 수 없다.'라고 말한 것이 잘못된 것인가?" 그러자 주자가 대답하였다. "그렇지 않다. 정자는 사랑의 발현을 인이라고 말한 것이고, 나는 사랑의 이치로서 인을 말한 것이다. 정과 성은 비록 영역이 다르지만 맥락은 서로 통하고 속한 것도 같으니, 어찌 정과 성이 서로 분리되어 관계 없는 것이라고 하겠는가? 나는 잘못된 학자들이 정자의 말을 외우기만 하고 그 의미를 구하지 않아, 마침내 사랑을 떼어 버리고 인만을 말하는 것이 걱정되기 때문에 이것을 말하여 정자가 남긴 뜻을 밝히고자 한 것이다. 그대가 정자의 뜻과 다르다고 생각하는 것이야말로 잘못이 아니겠는가?"

이 문장은 조금 복잡하다. 정자는 주자에게 매우 많은 영향을 준 송나라의 학자인데 정명도와 정이천 형제를 모두 '정자(程子)'라고 부른다. 인과 애의 관계, 성과 정의 관계를 설명하고 있는데, 고요한 상태에서는 '인'이며 '성'이라고 말하지만, 이것이 겉으로 드러나면 '애'이고 '정'이 된다. 따라서 둘 사이의 관계는 고요한 상태에서 말하느냐, 아니면 겉으로 드러난 상태에서 말하느냐에 따라서 달라진다는 뜻이다.

어떤 사람이 물었다. "정자의 제자 중에는 '만물이 나와 더불어 하나다.'라는 말을 인의 본체로 삼는 사람도 있고, '마음에 지각이 있는 것'을 인으로 해석하여 말하는 사람도 있는데, 모두 잘못된 것인가?" 주자가 대답하였다. "만물과 내가 하나라고 하는 사람은 인이 '사랑'이라는 사실은 알 수 있지만, 이것이 인의 본체가 되는 참된 이유는 알지 못한다. 그리고 마음에 지각이 있는 것을 인이라고 하는 사람은 인이 지(智)를 포함하는 것은 알 수 있지만, 이것이 인이라는 이름을 얻게 된 실제 이유는 알지 못한다. 자공이 '널리 백성들에게 베풀어 대중을 구제하는 방법'에 대해 질문한 것에 대한 공자의 대답이라든가, 정자가 '지각으로 인을 해석할 수 없다.'라고 말한 것을 살펴보면 알 수 있을 것이다. 그대가 어찌 이것을 가지고 인을 논할 수 있겠는가?"

위의 문장은 어느 한 부분만을 가지고 인을 말할 수는 없다는 주자의 의견을 보여 준다. 인은 지각도 포함하고 만물과 함께 하나라는 입장에서 보면 사랑이기도 하지만, 인의 본체는 이러한 것을 모두 포함하는 것이지 어느 한 부분에만 해당되는 것은 아니다.

위의 〈인설〉은 주자가 쓴 것으로, 그림까지 스스로 만들어 인도 (仁道)를 모두 밝혔습니다. 《대학》에서 말하기를 "임금이 되어서는 인의 경지에 머물러야 한다."라고 하였으니, 지금 옛 제왕들이 마음을 전하고 인을 체득하던 오묘한 이치를 찾으려 한다면, 어찌 여기에 뜻을 다하지 않겠습니까?

마지막으로 퇴계가 인설도의 의미에 대해서 결론을 지은 것이다. 즉, 나라를 다스리는 사람은 인을 실천하여 백성들에게 베풀어야 한다. 따라서 고대의 제왕들이 실천했던 것을 알고자 한다면 바로 인설도의 의미를 잘 파악하면 된다.

　나라를 다스리는 사람들이 백성을 외면하면 나라는 유지될 수 없다. 따라서 백성들의 삶을 걱정하는 마음을 가지고 인을 베풀어야 한다. 오늘날의 입장에서 말한다면 대통령과 국회의원들은 국민 위에 군림하려 하지 말고 국민들이 먹고살 수 있는 기본적인 조건을 충족시켜 주어야 한다는 말이다. 먹고사는 문제가 해결되면 교육을 시켜서 예의와 염치를 알게 해야 한다. 이것이 나라를 다스리는 사람이 국민에게 베풀어야 할 인이다.

8

심학도(心學圖)

갓난아이의 마음은 사람의 욕심에 물들지 않은 양심이요, 인심(人心)은 그 욕심에 눈이 뜨인 마음이다. 대인의 마음이란 의리가 모두 갖추어진 본래의 마음이고, 도심(道心)이란 의리를 깨달은 마음이다. 그러나 이것이 두 가지의 마음이 있다는 것을 의미하지는 않는다.

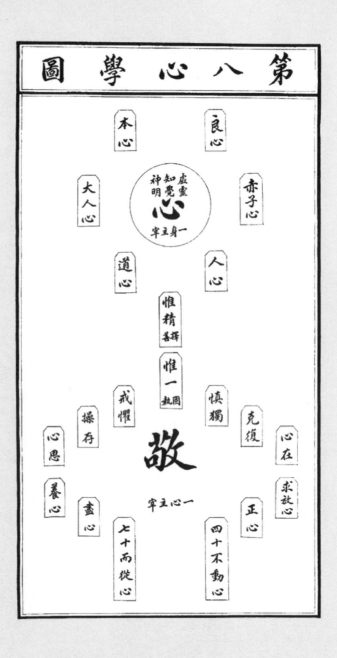

第八心學圖

8. 심학도 - 잃어버린 본심을 찾아라

심학도(心學圖)는 정복심이라는 학자가 글과 그림을 모두 만든 것이다. 여기에 나오는 글은 성현들이 마음에 대해서 말한 명언을 정복심이 모아서 적은 것이다. 여기서는 인간의 마음을 다양하게 설명하고 있는데, 유학의 관점에서는 인간의 타고난 마음은 선한 마음이므로 이것을 잘 보존해야 한다고 주장한다. 그러나 인간의 선한 마음은 사회생활을 하면서 욕심에 물들어 악한 모습을 띠기도 한다. 그러므로 항상 '경(敬)'으로 몸과 마음을 잘 통제해야 한다고 말하고 있다.

그림으로 이해하는 심학도

이 그림은 위와 아래로 구분하여 설명할 수 있다. 위는 '심(心)'을 중심으로 하는 영역이고, 아래는 '경(敬)'을 중심으로 하는 영역이다. 심과 경 사이에 이 두 영역을 연결해 주는 역할을 하는 '유정(惟精)'과 '유일(惟一)'이 있다. 그리고 유정 안에 '택선(擇善)'이라는 말이 함께 있고, 유일 안에는 '고집(固執)'이라는 말이 함께 있다. 이하에서는 두 영역을 나누고 연결 부분을 설명한다.

1. 위 그림은 심을 원에 그려 넣고, 심이라는 글자 위에 '허령(虛靈, 마음이란 텅 비어 있으면서도 신령스런 존재다)'·'지각(知覺, 마음은 인식하는 능

제第 8八 심心 학學 도圖

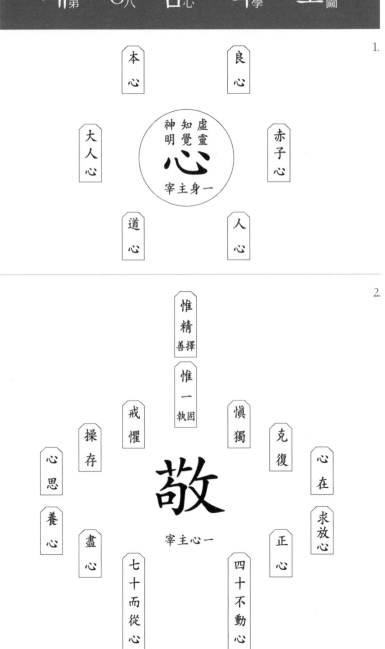

1.

本心　良心

虛靈知覺神明
心
一身主宰

大人心　赤子心

道心　人心

2.

惟精 擇善

惟一 固執

戒懼　愼獨

操存　克復

心思　心在

養心　求放心

盡心　正心

七十而從心　四十不動心

敬
一心主宰

력을 가진 존재다)'·'신명(神明, 마음은 신령스러우면서 맑은 존재다)'이라는 글을 적어 놓았다. 이것은 심의 개념적 정의를 나타낸 말이다.

그리고 심 아래에 '일신주재(一身主宰)'라는 말이 있는데, 이것은 마음이 우리 인간의 몸을 주재한다는 뜻이다. 다시 말해 마음이 육체를 움직이는 중심 역할을 한다는 말이다.

둥근 원 주변으로 여섯 개의 사각형이 배치되어 있는데, 이것들은 모두 마음의 형태들을 나타낸다. 위쪽의 양심(良心)과 본심(本心)은 선천적으로 타고난 선량한 마음, 본래 지니고 있는 마음이라는 뜻으로 성선설을 주장하는 근거가 되기도 한다.

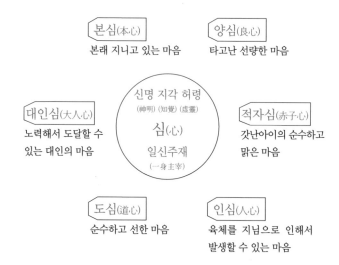

본심(本心)
본래 지니고 있는 마음

양심(良心)
타고난 선량한 마음

대인심(大人心)
노력해서 도달할 수 있는 대인의 마음

신명 지각 허령
(神明) (知覺) (虛靈)
심(心)
일신주재
(一身主宰)

적자심(赤子心)
갓난아이의 순수하고 맑은 마음

도심(道心)
순수하고 선한 마음

인심(人心)
육체를 지님으로 인해서 발생할 수 있는 마음

2. 아래 그림은 경을 중심으로 왼쪽과 오른쪽의 반원으로 나누어 볼 수 있다. 경 바로 아래에 '일심주재(一心主宰)'라는 말이 보인다. 이것은 경이 마음을 주재한다는 뜻이다. 위의 심과 연결시켜 본다면 마음은 몸을 주재하고, 경은 마음을 주재하는 것이다.

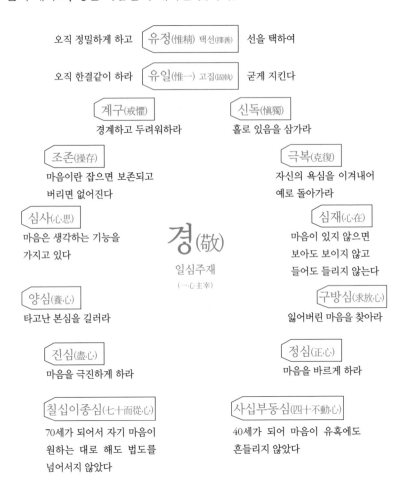

오직 정밀하게 하고　유정(惟精) 택선(擇善)　선을 택하여

오직 한결같이 하라　유일(惟一) 고집(固執)　굳게 지킨다

계구(戒懼)
경계하고 두려워하라

신독(愼獨)
홀로 있음을 삼가라

조존(操存)
마음이란 잡으면 보존되고
버리면 없어진다

극복(克復)
자신의 욕심을 이겨내어
예로 돌아가라

심사(心思)
마음은 생각하는 기능을
가지고 있다

경(敬)
일심주재
(一心主宰)

심재(心在)
마음이 있지 않으면
보아도 보이지 않고
들어도 들리지 않는다

양심(養心)
타고난 본심을 길러라

구방심(求放心)
잃어버린 마음을 찾아라

진심(盡心)
마음을 극진하게 하라

정심(正心)
마음을 바르게 하라

칠십이종심(七十而從心)
70세가 되어서 자기 마음이
원하는 대로 해도 법도를
넘어서지 않았다

사십부동심(四十不動心)
40세가 되어 마음이 유혹에도
흔들리지 않았다

148

오른쪽에는 '신독(愼獨)'·'극복(克服)'·'심재(心在)'·'구방심(求放心)'·'정심(正心)'·'사십부동심(四十不動心)', 왼쪽에는 '계구(戒懼)'·'조존(操存)'·'심사(心思)'·'양심(良心)'·'진심(盡心)'·'칠십이종심(七十而從心)'이 각각 놓여 있다. 이중 칠십이종심은 《논어》의 "칠십이종심소욕 불유구(七十而從心所欲 不踰矩)"에서 나온 말이다.

그리고 심과 경을 연결하는 '유정유일'은 《서경》이라는 책에서 나온 말인데, "오직 정밀하게 하고 한결같이 하라."는 뜻이다. 그리고 그 안에 있는 '택선고집'이라는 말은 《중용》에 나오는 말로 "선을 택하여 굳게 지킨다."는 뜻이다.

잃어버린 본심을 찾아라

정복심이 말하였다. 갓난아이의 마음은 사람의 욕심에 물들지 않은 양심이요, 인심(人心)은 그 욕심에 눈이 뜨인 마음이다. 대인의 마음이란 의리가 모두 갖추어진 본래의 마음이고, 도심(道心)이란 의리를 깨달은 마음이다. 그러나 이것이 두 가지의 마음이 있다는 것을 의미하지는 않는다. 사실 형태와 기에서 나오면 모두 인심이 없을 수 없게 되고, 인성(人性)과 천명(天命)에 근원을 두면 도심이 되는 것이다.

마음에는 어떤 종류가 있을까? 선한 마음, 어린아이의 마음, 인간다운 마음 등등 마음을 표현하는 말은 매우 많다. 그 가운데서도 '양심도 없는 사람'이라는 말을 할 때의 양심은 인간이 타고난 선량한 마음을 말한다.

유학에서는 전통적으로 인간의 마음을 선하다고 생각한다. 그런데 때로는 그 마음이 악한 모습으로 비춰지기도 한다. 사악한 욕망에 물들어서 본래의 마음을 잃어버렸기 때문이다.

예를 들어 보자. 나는 아침이나 저녁에 목욕을 하고 거울을 본다. 그런데 목욕을 하고 나면 거울에 물이 튀어 얼룩이 항상 남게 된다. 시간이 없다는 핑계와 게으른 탓에 얼룩을 닦지 않고 그냥 두는 경우가 많다. 어느 날은 거울을 보는데 얼굴에 점이 생긴 것처럼 보였다. 그런데 얼굴에 점이 생긴 것이 아니라 거울에 있는 얼룩이 마치 얼굴에 생긴 점으로 보였던 것이다.

사람의 마음도 거울과 같다. 처음에는 아주 깨끗하고 맑지만 시간이 흐르고 때가 끼면서 점차 흐려지게 된다. 마치 거울에 얼룩이 생기는 것처럼 말이다. 그래서 마음도 항상 닦아 주어야 한다. 그래야 처음의 맑은 모습을 유지할 수 있다. 마음에 때가 끼는 것은 욕심 때문인 경우가 많다. 그러므로 욕심을 줄이고 없애는 방법을 통해서 깨끗한 마음을 유지해야 한다.

어린아이의 마음은 아직 욕심에 물들지 않은 마음이기 때문에 맑고 깨끗하다. 그런 마음을 유지해야 한다. 그러나 사람은 누구나 육체를 가지고 있기 때문에 그로부터 인심이 생긴다. 욕망에 눈을 뜨는 마음이라는 뜻이다. 하지만 이것을 극복하는 것이 진정한 인간이 아니겠는가?

심학도에 그려져 있는 '오직 정밀하게 살펴서 한결같이 함[유정유일(惟精惟一)]'과 '선을 택하여 굳게 지킴[택선고집(擇善固執)]' 아래는 인간의 욕심을 막고 천리(天理)를 보존하도록 하는 공부다. 신독(愼獨) 아래는 인간의 욕심을 막는 공부인데, 반드시 마음이 움직이지 않는 부동심(不動心)의 경지에 이르러야 부와 명예가 마음을 어지럽히지 못하고, 가난함과 천함이 마음을 바꾸게 하지 못하며, 위협이 마음을 굴복시키지 못하게 하여, 도가 밝아지고 덕이 확립됨을 알 수 있을 것이다. 계구(戒懼) 아래는 천리를 보존하는 공부인데, 반드시 종심(從心)의 경지에 이르러야 마음이 곧 본체이고 욕망이 곧 작용이며, 본체가 곧 도이고 작용이 곧 의이며, 음성이 음률에 맞고 몸은 법도에 맞게 되어, 생각하지 않아도 얻을 수 있고 힘쓰지 않아도 적중할 수 있다는 것을 알게 될 것이다.

먼저 공부는 선천적으로 타고난 것을 보존하는 공부와 인간의 욕심을 막는 공부 두 가지가 있는데 이 둘은 동시에 이루어져야 한다.
타고난 것을 보존하는 공부는 그림에 나오는 '계구'에서 '칠십이종심'까지를 말한다. 계구란 《대학》에 나오는 말로 "남이 보지 않아도 항상 경계하고 삼가며, 남이 듣지 않을 때에도 두려워하라."는 뜻이다. 종심이란 《논어》에 나오는 공자의 말인데 "일흔 살이 되어서야 자기 마음이 원하는 대로 해도 사회 규범에서 벗어나지 않게 되었다."는 뜻이다.
욕심을 막는 공부는 그림에 나오는 '신독'에서 '사십이부동심'까지를 말한다. 신독은 《대학》에 나오는 말로 "혼자 있는 것을 삼가라."는 뜻이다. 사람은 혼자 있으면 나쁜 생각을 하거나 게을러지는 경우가 많다. 따라서 혼자 있는 것을 삼가고, 혼자 있을 때에도 항상 다른 사람과 함께 있는 것처럼 조심해야 한다. 부동심이란 《맹자》에 나오는 말로 "마음이 유혹에 흔들리지 않는 것"을 말한다.

사람들이 타고난 본래의 선량한 마음을 보존하고 욕심을 없앨 수 있다면 이 세상은 정말 아름다운 세상이 될 것이다. 성인들이 꿈꾸는 세상이 이런 세상이 아니었을까?

요컨대, 공부하는 요체는 오로지 경(敬)에서 벗어나서는 안 된다. 마음이란 한 몸의 주인이고, 경이란 또한 한 마음의 주인이다. 배우는 사람들이 '마음을 하나로 정하여 다른 것에 신경을 쓰지 않으며, 몸가짐을 가지런하게 하고 마음을 엄숙하게 하고, 마음을 단속하며 항상 깨어 있어야 한다.'는 학설을 깊이 연구한다면, 공부가 충분하게 되어 성인의 경지에 들어가는 것도 어렵지 않을 것이다.

사람의 몸을 움직이는 것은 마음인데, 이 마음의 중심이 바로 '경'이다. 따라서 경을 잘 간직하고 유지하는 것이 올바르게 사는 지름길이다. 어떤 경우에라도 마음을 하나로 집중하고 몸가짐을 바르게 하며, 흐트러지기 쉬운 마음을 잘 가다듬고 맑은 상태로 깨어 있어야 한다. 이것이 바로 경이다. 이것을 실천에 옮기는 것은 물론 쉽지 않다. 그렇기 때문에 옛날 사람들은 이것을 실천하면 성인의 경지에 들어갈 수 있다고 말한 것이다.

위의 심학도는 성현들이 마음에 대해서 논한 유명한 말들을 정복심이 모아서 만든 것입니다. 용어들을 분류하여 대치시킨 것이 많은데도 싫증이 나지 않는 것은, 성학의 심법(心法)이 역시 하나의 단서에 그치는 것이 아니므로 모두 힘쓰지 않으면 안 된다는 것을 보여주었기 때문입니다. 위로부터 아래로 배열한 것은 단지 얕고 깊음과 낯설고 익숙한 것이 대강 이렇다는 말일 뿐이지, 공부하는 과정과 절차에 치지(致知)·성의(誠意)·정심(正心)·수신(修身)과 같이 선후가 있다고 말한 것은 아닙니다.

어떤 사람[1]은 의심하여 "대강 서술한 것이라면 '구방심(求放心)'이 가장 먼저 해야 할 공부이므로, '심재(心在)' 다음에 두는 것은 옳지 않다."라고 합니다. 그러나 제가 가만히 생각해 보면, 구방심은 가볍게 말하면 가장 먼저 착수해야 하는 공부지만, 깊은 경지에 나아가 지극하게 말한다면 순식간에 한 생각이라도 잘못되면 역시 '방심'하는 것이 됩니다. 안회 같은 사람도 3개월이 지난 뒤에는 인을 어기는 경우가 있었는데, 어기는 경우가 있었다는 것은 방심의 상태에 들어간 것입니다. 다만 안회는 조금이라도 차질이 있으면 곧바로 알았습니다. 그리고 이것을 알면 곧 다시는 싹트지 않게 하였으니, 이것 역시 '구방심'의 종류일 것입니다. 그러므로 정씨가 그

---

1) 율곡 이이를 말한다. 퇴계와 율곡은 이 문제를 가지고 논의를 했는데 율곡은 그림에 나오는 '구방심'이 '심재' 아래에 있는 것에 대하여 의심을 품었다.

림에 대한 서술을 이와 같이 한 것입니다.

정씨의 자는 자견(子見)이며 신안(新安) 사람입니다. 그는 은거하면서 벼슬도 하지 않았고, 행실은 의리에 맞는 바가 많았으며, 백발이 되도록 경전을 연구하여 터득한 바가 깊어 《사서장도(四書章圖)》세 권을 저술했습니다. 원나라 인종 때에 추천에 의해 향군박사로 등용되었으나 벼슬을 사양하고 고향으로 돌아갔습니다. 사람됨이 이와 같으니 어찌 생각 없이 함부로 지었겠습니까?

이 글은 퇴계가 심학도의 출처와 그림의 배열 순서에 대해서 율곡과 의견 차이가 있는 부분을 설명한 것이다. 여기서 나온 어려운 개념들을 먼저 설명하자. '치지'는 자신의 지식을 완성하는 것이다. 많은 것을 보고 듣고 생각함으로써 자신의 지식을 완성할 수 있다. 그러므로 이것이 가장 먼저 이루어져야 한다. 그리고 자신의 의지를 성실하게 유지해야 한다. 이것이 '성의'다. 다음은 마음을 바르게 하는 '정심', 다음은 몸을 수양하는 '수신'이다.

'구방심'은 《맹자》에 나오는 말인데, "잃어버린 마음을 다시 찾는다."는 뜻이다. 평소에 '방심하지 말라.'는 말을 많이 하는데, 그 의미를 정확하게 알지 못하는 경우가 많았을 것이다. 방심은 마음을 놓는 것인데, 항상 조심하고 경계해야 할 마음을 그냥 내버려 두면 방탕하게 되어 악을 행하게 된다. 따라서 본래의 타고난 선한 마음을 잘 유지하기 위해서는 '구방심'해야 한다. '심재'란 《대학》에 나오는 말인데, "마음이 없으면 보아도 보이지 않고, 들어도 들리지 않으며, 먹어도 맛을 알지 못한다."고 한 말에서 나온 것이다.

아무리 공부하라고 부모님이 말을 해도 자신의 마음속에서 공부하려는 생각이 없으면 공부가 되지 않는다. 속담에 '말을 물가에 끌고 갈 수는 있지만 물을 먹일 수는 없다.'는 말이 있다. 물을 먹는 것은 말에게 달려 있기 때문이다. 마찬가지로 공부를 하거나 하지 않는 것은 자신에게 달려 있다. 따라서 항상 마음을 잘 다스리는 일부터 시작해야 한다.

경재잠도(敬齋箴圖)

순간이라도 틈이 생기면 개인적인 욕심이 모두 일어나, 불을 피우지 않아도 더워지고 얼음이 없어도 차가워지게 될 것이다. 털끝만큼이라도 차질이 있으면 하늘과 땅이 바뀌고, 인륜이 어지럽게 되며, 구법(九法) 또한 못쓰게 될 것이다. 아아! 어린 학생들이여! 깊이 생각하고 공경스럽게 하여라. 먹을 갈아 글씨를 써서 경계하도록 하며, 이것을 감히 마음에 알리노라.

第九敬齋箴圖

正其衣冠
尊其瞻視
潛心以居
對越上帝
足容必重
手容必恭
擇地而蹈
折旋蟻封

出門如賓
承事如祭
戰戰兢兢
罔敢或易
守口如瓶
防意如城
洞洞屬屬
罔敢或輕

【靜】【動】　從事於斯是曰持敬　【表】【裏】

【弗違】【交正】

不求以西
不南以北
當事而存
靡他其適

弗貳以二
弗參以三
惟心惟一
萬變是監

【無適】【主一】

於乎小子念哉敬哉
墨卿司戒敢告靈臺

【有閒】【有差】

須臾有閒
私欲萬端
不火而熱
不冰而寒

毫釐有差
天壤易處
三綱既淪
九法亦斁

9. 경재잠도 – 경의 세부 항목을 실천하라

경재잠도(敬齋箴圖)는 주자가 쓴 〈경재잠〉이라는 글에 왕백이 그림을 그린 것인데, 주자는 이 글을 자신의 서재에 걸어 놓고 항상 경계했다고 한다. 경재잠도는 구체적으로 실천해야 할 경(敬)의 세부 항목을 열거하고 있는데, 예를 들면 눈의 모습을 존엄하게 하고 손과 발의 모습을 신중하게 하라는 등의 내용이 바로 그것이다.

살아가면서 겪게 될 많은 일과 만나게 될 많은 사람들을 대할 때 어떻게 해야 하는지에 대해서 설명하고 있다. 그러면서 이러한 모든 것들은 경을 통해서 이루어진다고 한다. 그렇기 때문에 움직일 때나 고요하게 있을 때나 항상 경을 간직해야 한다. 만약 경을 잃게 되면 욕심이 생겨서 모든 일을 그르칠 수 있다.

경재잠도는 제10 숙흥야매잠도와 서로 안과 밖을 이루는 것으로 자신이 처한 상황에 맞는 공부 방법에 대해서 설명한 것이다.

‖ 그림으로 이해하는 경재잠도 ‖

이 그림의 가운데 둥근 원에 있는 글자는 ‘심(心)’이다. 심을 중심으로 위, 가운데, 아래로 나누어 설명할 수 있는데, 위는 경(敬)의 실천 항목에 대해서 설명하였고, 가운데는 경의 원리를 설명하였으며, 아래는 경을 실천하지 않는 병폐에 대해서 설명하였다. 이치상 가운데를 먼저 설명하고, 이어서 위와 아래를 설명하도록 한다.

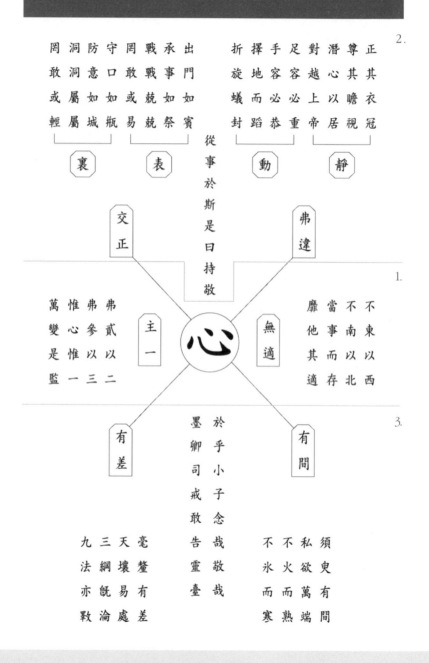

1. 심의 왼쪽과 오른쪽에 '주일(主一)'과 '무적(無適)'이라는 말이 있는데, 이것이 바로 경의 원리다. 그리고 이에 대한 설명이 바로 옆에 있다.

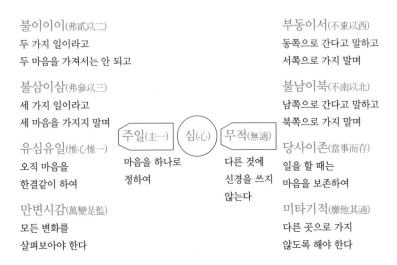

불이이이(弗貳以二)
두 가지 일이라고
두 마음을 가져서는 안 되고

불삼이삼(弗參以三)
세 가지 일이라고
세 마음을 가지지 말며

유심유일(惟心惟一)
오직 마음을
한결같이 하여

만변시감(萬變是監)
모든 변화를
살펴보아야 한다

주일(主一)
마음을 하나로
정하여

심(心)

무적(無適)
다른 것에
신경을 쓰지
않는다

부동이서(不東以西)
동쪽으로 간다고 말하고
서쪽으로 가지 말며

불남이북(不南以北)
남쪽으로 간다고 말하고
북쪽으로 가지 말며

당사이존(當事而存)
일을 할 때는
마음을 보존하여

미타기적(靡他其適)
다른 곳으로 가지
않도록 해야 한다

2. 이 그림은 크게 '불위(弗違)'와 '교정(交正)'으로 나뉘고, 불위는 다시 '정(靜)'과 '동(動)'으로, 교정은 '표(表)'와 '리(裏)'로 나뉜다.

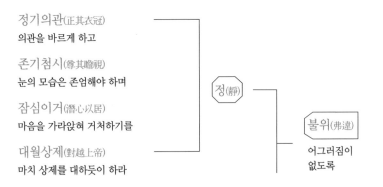

정기의관(正其衣冠)
의관을 바르게 하고

존기첨시(尊其瞻視)
눈의 모습은 존엄해야 하며

잠심이거(潛心以居)
마음을 가라앉혀 거처하기를

대월상제(對越上帝)
마치 상제를 대하듯이 하라

정(靜)

불위(弗違)
어그러짐이
없도록

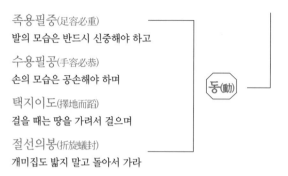

족용필중(足容必重)
발의 모습은 반드시 신중해야 하고

수용필공(手容必恭)
손의 모습은 공손해야 하며

택지이도(擇地而蹈)
걸을 때는 땅을 가려서 걸으며

절선의봉(折旋蟻封)
개미집도 밟지 말고 돌아서 가라

동(動)

종사어사 시왈지경(從事於斯 是曰持敬)
이러한 태도를 따르는 것을 지경, 즉 '경을 간직한다.'고 하는 것이다

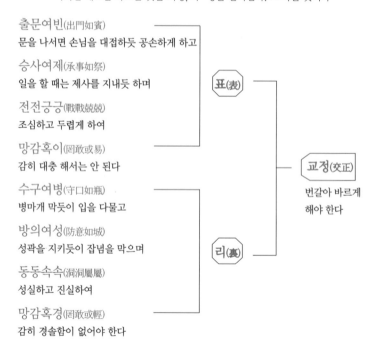

출문여빈(出門如賓)
문을 나서면 손님을 대접하듯 공손하게 하고

승사여제(承事如祭)
일을 할 때는 제사를 지내듯 하며

전전긍긍(戰戰兢兢)
조심하고 두렵게 하여

망감혹이(罔敢或易)
감히 대충 해서는 안 된다

표(表)

수구여병(守口如瓶)
병마개 막듯이 입을 다물고

방의여성(防意如城)
성곽을 지키듯이 잡념을 막으며

동동속속(洞洞屬屬)
성실하고 진실하여

망감혹경(罔敢或輕)
감히 경솔함이 없어야 한다

리(裏)

교정(交正)
번갈아 바르게
해야 한다

이상의 그림을 다시 정리하면 "움직일 때나 고요하게 있을 때나[동정

(動靜)] 어기지 말고[불위(弗違)], 겉과 속을[표리(表裏)] 번갈아 바르게 해야
한다[교정(交正)].”는 말이다.

3. 아래는 ‘유간(有間)’, ‘유차(有差)’로 구분되어 있다. 이것은 ‘순간이
라도 틈이 생기거나’, ‘조금이라도 차질이 있으면’이라는 뜻인데, 경을
실천하지 않을 때의 병폐를 나타낸 것이다.

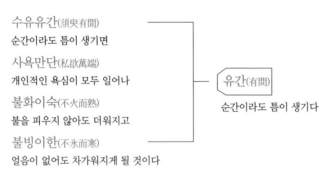

수유유간(須臾有間)
순간이라도 틈이 생기면
사욕만단(私欲萬端)
개인적인 욕심이 모두 일어나
불화이숙(不火而熟)
불을 피우지 않아도 더워지고
불빙이한(不氷而寒)
얼음이 없어도 차가워지게 될 것이다

유간(有間)
순간이라도 틈이 생기다

오호소자 염재경제(於乎小子 念哉敬哉)
아아! 어린 학생들이여! 깊이 생각하고 공경스럽게 하여라
묵경사계 감고영대(墨卿司戒 敢告靈臺)
먹을 갈아 글씨를 써서 경계하도록 하며, 이것을 감히 마음에게 알리노라

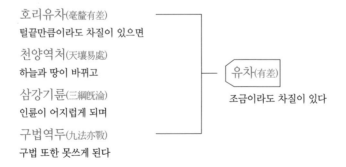

호리유차(毫釐有差)
털끝만큼이라도 차질이 있으면
천양역처(天壤易處)
하늘과 땅이 바뀌고
삼강기륜(三綱旣淪)
인륜이 어지럽게 되며
구법역두(九法亦斁)
구법 또한 못쓰게 된다

유차(有差)
조금이라도 차질이 있다

경의 세부 항목을 실천하라

　의관을 바르게 하고, 눈의 모습은 존엄해야 하며, 마음을 가라앉혀 거처하기를 마치 상제(上帝)를 대하듯이 하라. 발의 모습은 반드시 신중해야 하고, 손의 모습은 공손해야 하며, 걸을 때는 땅을 가려서 걸으며, 개미집도 밟지 말고 돌아서 가라. 문을 나서면 손님을 대접하듯 공손하게 하고, 일을 할 때는 제사를 지내듯 하며 조심하고 두렵게 하여 감히 대충 해서는 안 된다. 병마개 막듯이 입을 다물고, 성곽을 지키듯이 잡념을 막으며, 성실하고 진실하여 감히 경솔함이 없어야 한다.

　동쪽으로 간다고 말하고 서쪽으로 가지 말며, 남쪽으로 간다고 말하고 북쪽으로 가지 말며, 일을 할 때는 마음을 보존하여 다른 곳으로 가지 않도록 해야 한다. 두 가지 일이라고 두 마음을 가져서는 안 되고, 세 가지 일이라고 세 마음을 가지지 말며, 오직 마음을 한결같이 하여 모든 변화를 살펴보아야 한다. 이러한 태도를 따르는 것을 지경(持敬), 즉 '경(敬)을 간직한다.'고 하는 것이니, 움직일 때나 고요하게 있을 때나 어기지 말고, 겉과 속을 번갈아 바르게 해야 한다.

경재잠도는 언제 어느 때라도 항상 경을 간직하라는 말이 중심을

이룬다. 옷을 입는 모습은 물론 눈, 손, 발의 모습까지도 어떻게 해야 하는지 알려 준다. 사람을 만나고 일을 할 때에는 신중하고 조심스럽게 하며, 말을 할 때도 쉽게 해서는 안 된다. 말이란 자기 입에서 나온 뒤에는 주워 담을 수 없기 때문이다.

행동할 때나 고요하게 있을 때나 항상 공경하는 마음가짐과 공경하는 태도를 유지해야 한다. 이것이 경을 실천하는 일이며 동시에 성인이 되는 한 방법이다.

요즘에는 서양식 옷이 주류를 이루기 때문에 편리하고 멋있으며 값이 비싼 것만을 추구하는 경향이 있다. 옷이란 사람의 부끄러운 곳만 가리면 충분하고 나머지는 단정하게 입으면 되는 것이다. 마음도 역시 마찬가지다. 이리저리 혼란스럽게 움직이면 아무것도 할 수 없다. 공부를 할 때는 공부에 전념하고, 친구와 놀 때는 역시 거기에 마음을 집중해야 한다. 일을 할 때도 마찬가지다. 마음이 정리되지 않고 움직이면 아무리 오랫동안 책상 앞에 앉아 있어도 머리에 남는 것은 아무것도 없다. 그러므로 항상 마음이 한 곳에 집중하도록 해야 한다. 그것이 바로 '경'이다.

순간이라도 틈이 생기면 개인적인 욕심이 모두 일어나, 불을 피우지 않아도 더워지고 얼음이 없어도 차가워지게 될 것이다. 털끝만큼이라도 차질이 있으면 하늘과 땅이 바뀌고, 인륜이 어지럽게 되며, 구법(九法)¹⁾ 또한 못쓰게 될 것이다. 아아! 어린 학생들이여! 깊이 생각하고 공경스럽게 하여라. 먹을 갈아 글씨를 써서 경계하도록 하며, 이것을 감히 마음에 알리노라.

사람은 누구나 욕심을 가지고 있다. 욕심을 가진 사람은 때로 이성을 잃고 자신의 목적을 달성하기 위해서 수단과 방법을 가리지 않는다. 따라서 정상적인 생각을 하지 못하고, 남을 배려하는 마음도 사라지게 된다.

이러한 욕심은 사람이 육체를 가지고 있기 때문에 생기는 것이다. 좋은 것을 먹고, 좋은 것을 갖고 싶은 욕망은 개인의 욕심일 뿐 다른 사람을 위한 것은 아니다. 따라서 인간 사이의 질서를 깨뜨리고 인간관계를 그르치게 된다. 결국 끝없는 욕심에 사로잡히면 법을 어기는 일까지 저지르게 된다.

---

1) 《서경》〈홍범〉편의 홍범구주(洪範九疇)를 말하는데, 제왕이 정치하는 아홉 가지 요체에 대하여 설명한 것이다. 첫째, 수·화·목·금·토의 오행을 말한다. 둘째, 오사(五事)를 공경하게 사용하는 것으로 모습·말·보는 것·듣는 것·생각하는 것을 말한다. 셋째, 팔정(八政)을 사용하는 것으로 식량·재물·제사·토목 건설·교육·치안·외교·국방을 말한다. 넷째, 오기(五紀)로 생활 시간을 계산한 것인데 년·월·일·성신(星辰)·역수(曆數, 시간을 계산하는 것)를 말한다. 다섯째, 황극(皇極)으로 우주의 본심을 받아서 태어난 인간은 본심을 잘 보존해서 행동해야 한다는 의미다. 여섯째, 삼덕(三德)은 정직·강함·부드러움으로 군왕의 품덕을 말한다. 일곱째, 계의(稽疑)로 점치는 사람을 선발하여 일을 맡기는 것이다. 여덟째, 서징(庶徵)인데 여러 가지 징조를 잘 아는 것이다. 아홉째, 오복(五福)을 따르게 만들고 육극(六極)을 위엄 있게 사용하는 것이다. 오복은 장수·복·건강·덕망을 갖추는 것·편안하게 죽는 것을 말한다. 육극은 요절·질병·근심·가난·죄악·허약함을 말한다.

166

끊임없이 생겨나는 욕심을 누르고 사람과의 관계를 생각해야 한다. 그래서 '순간의 틈'도 멈추지 않고 '털끝만 한 차질'도 허용하지 않으며 항상 마음을 공경스럽게 하라는 것이다.

주자가 말하였다. 둥글게 도는 모습이 규(規)에 맞는다는 것은 원이 규에 딱 맞게 회전하는 것이고, 꺾어서 가는 모습이 구(矩)에 맞는다는 것은 모난 곳이 구에 맞는 것처럼 되길 바란다는 뜻이다. 의봉(蟻封)이란 개미집을 말한다. 옛 말에 '말을 타고 개미집 사이를 돌아간다.'는 말이 있다. 그것은 개미집 사이의 길이 구부러지고 좁아서, 말을 타고 그 사이를 돌아갈 때 말을 타는 절도를 잃지 않기가 어렵다는 것을 말한 것이다. '병마개 막듯이 입을 다문다.'는 말은 함부로 말을 하지 않는다는 뜻이고, '성곽을 지키듯이 잡념을 막는다.'는 말은 사악한 생각이 들어오지 못하게 한다는 뜻이다.

또 말하였다. 경은 반드시 하나에 집중해야 하는 것이다. 애초에 한 가지 일만 있던 것에 또 한 가지 일을 더하면 곧 둘이 되어 두 가지 일을 이루게 되고, 원래 한 가지가 있던 것에 또 두 가지를 더하면 곧 셋이 되어 세 가지를 이루게 된다. (앞에서 말한) '순간'이라고 하는 것은 시간으로 말한 것이고, '털끝만큼'이라고 한 것은 일로써 말한 것이다.

이 글은 주자가 〈경재잠〉에 대하여 스스로 해설을 붙인 것이다. 둥근 원을 그리는 도구를 옛 사람들은 규라고 하였고, 직각을 그리는 도구는 구라고 하였다. 몸을 움직여 둥글게 도는 모습이 규로 원을 그리듯이 하고, 굽은 곳을 꺾어서 갈 때는 마치 구로 직각을 그리듯이 절도 있게 하라는 말이다. 개미집을 지나갈 때의 이야기도 같은 뜻이다. 개미집을 피해 가다 보면 구불구불 돌아가게 되는데, 그러면 몸가짐이 흐트러질 수 있다. 그러므로 행동하고 말을 할 때에는 항상 절도에 맞고 신중하게 해야 한다.

또한 주자는 오직 경을 중심으로 하되, 경은 한 가지만을 생각하고 실천하는 것이라고 했다. 공부를 잘하고 못하고는 정신 집중에 달렸다. 아무리 공부하는 시간이 길어도 집중하지 않으면 아무런 효과가 없다. 그와 달리 짧은 시간이라도 집중하면 큰 효과를 볼 수 있다. 어떤 경우에서든 정신을 하나로 집중해서 한다면 못할 것이 없다.

오징(吳澄)이 말하였다. 〈경재잠〉은 10장으로 되어 있는데, 각 장은 4구로 되어 있다. 1장은 고요하게 있을 때에도 어그러짐이 없어야 함을 말한 것이고, 2장은 움직일 때에도 어그러짐이 없어야 함을 말한 것이다. 3장은 겉으로 드러난 모습이 단정해야 함을 말한 것이고, 4장은 속마음이 단정해야 함을 말한 것이다. 5장은 마음이 바로잡혀서 일에 통달해야 함을 말한 것이고, 6장은 일을 할 때에

는 집중하되 마음에 근본을 두어야 함을 말한 것이다. 7장은 앞의
여섯 장을 모두 모아 정리한 것이고, 8장은 마음이 흩어지는 병폐
에 대해서 말한 것이고, 9장은 일을 하는 데 집중하지 못하는 병폐
를 말한 것이고, 10장은 이 전체를 한데 모아 결론지은 것이다.

진덕수(眞德秀)가 말하였다. 경의 의미는 여기에 이르러서 더 설명
할 것이 없다. 성학에 뜻을 둔 사람은 마땅히 이것을 되풀이해야
할 것이다.

이상은 중국 송나라의 학자 오징과 진덕수의 해석이다. 오징은
〈경재잠〉의 글을 10단계로 나누어 설명하고 있으며, 진덕수는 '경'
의 의미를 이보다 더 잘 설명한 곳이 없다고 말하고 있다.

위의 〈경재잠〉의 제목 아래에 주자가 스스로 쓰기를 "장경부(張敬
夫)의 〈주일잠〉을 읽고, 남은 뜻을 주워 모아 〈경재잠〉을 지어 서재
의 벽에 써 놓고 스스로 경계한다."라고 하였습니다. 또한 "이것은
경의 세부 항목인데, 그 말들이 여러 경우에 해당된다."라고 하였습
니다. 저는 여러 경우의 설명이 공부를 하는 데 좋은 근거가 될 것
이라고 생각합니다. 금화(金華) 사람인 왕백이 여러 가지 경우를 배
열하여 이 그림을 만들면서부터 명백하고 짜임새 있게 하여 모두
자리를 잡은 것이 이와 같습니다. 일상생활 속에서 보고 느끼는 사

이에 몸으로 익히고 음미하며 깨닫고 성찰하여 터득하는 것이 있다면, 경이 성학의 처음과 끝이 됨을 어찌 믿지 않을 수 있겠습니까?

장경부는 주자가 존경하는 친구인데, 경재잠도는 장경부의 〈주일잠〉을 보고 주자가 〈경재잠〉이라는 글을 쓰고 왕백이라는 학자가 그림을 그린 것이다. 경재잠도의 요지는 바로 '경'에 있다. 경을 통해서 성인이 되기 위한 학문인 성학을 완성하는 것이다. 선조들의 학문 목적이 지금의 우리와 다르다는 사실에 대해서 생각해 볼 시간을 가져 보자.

왜 그들은 성인이 되고자 했던 것일까? 우리는 좋은 대학에 가서 잘먹고 잘살기 위해서 학문을 하는 것이 아닌가? 잘먹고 잘사는 것이 진정으로 인간다운 삶인가?

스스로 삶의 목표를 세우고 학문에 전념하지만 근본적인 목적과 방향을 알지 못하는 것이 청소년 시절의 모습이다. 어른이 된 다음에는 공부를 하고 싶어도 하기 어렵다. 선생님과 부모님의 말씀이 잔소리로 들릴지라도 모두 우리에게 도움이 되는 말임에 틀림없다. 성인에 대해서 다시 한 번 생각하고 자신의 모습을 돌이켜 보자.

10 숙흥야매잠도(夙興夜寐箴圖)

움직임과 고요함이 순환하는 것을 오직 마음만은 볼 수 있으므로, 고요할 때는 이 마음을 잘 보존하고 움직일 때는 잘 관찰해서, 마음이 둘 또는 셋으로 나뉘어서는 안 된다. 글을 읽다가 틈이 나면 간혹 휴식을 취하고, 정신을 활짝 펴고 성정(性情)을 아름답게 길러야 한다. 날이 저물어 사람이 피곤해지면 나쁜 기운이 들어오기 쉬우므로, 몸과 마음을 잘 가다듬어 정신을 맑게 이끌어야 한다.

雞鳴而寤，思慮漸馳，盍於其間，澹以整之。
或省舊愆，或紬新得，次第條理，瞭然默識。

本既立矣，昧爽乃興，盥櫛衣冠，端坐斂形。
提掇此心，皦如出日，嚴肅整齊，虛明靜一。

乃啟方冊，對越聖賢，夫子在坐，顔曾後先。
聖師所言，親切敬聽，弟子問辨，反覆參訂。

事至斯應，則驗于為，明命赫然，常目在之。
事應既已，我則如故，方寸湛然，凝神息慮。

養以夜氣，貞則復元
念茲在茲，日夕乾乾

晨興　夙寤
應事　讀書
敬
夕惕　日乾
兼夙夜

動靜循環，惟心是監，靜存動察，勿貳勿參。
讀書之餘，間以游泳，發舒精神，休養情性。

日暮人倦，昏氣易乘，齋莊整齊，振拔精明。
夜久斯寢，齊手斂足，不作思惟，心神歸宿。

10. 숙흥야매잠도 – 새벽부터 밤늦게까지 공부하라

숙흥야매잠도(夙興夜寐箴圖)는 진백이 글을 쓰고 퇴계가 그림을 그린 것이다. 퇴계는 경재잠도를 보고 이 그림을 그렸다고 한다. '숙흥야매'라는 말은 아침 일찍 일어나고 밤늦게 잠을 잔다는 뜻인데, 그만큼 시간을 아껴서 학문에 전념해야 한다는 말이다.

새벽에 일찍 일어나 세수하고 의복을 단정하게 갖추고 앉아서 책을 읽어야 하며, 사람들과 묻고 답하면서 자신의 잘못을 고치고, 일이 생기면 처리한 다음 다시 마음을 가라앉혀 학문에 집중한다. 간혹 휴식을 취하며 다시 정신을 맑게 하고, 밤이 되면 몸이 피로해 기운이 쇠약해지므로 더욱 정신을 가다듬어야 한다. 밤에 잘 때는 아무 생각도 하지 말고 깊이 잠들어 맑은 기운이 다시 몸속에 들어오도록 해야 한다. 이것이 숙흥야매잠도에서 말하는 대강의 줄거리다.

그림으로 이해하는 숙흥야매잠도

이 그림의 가운데 원에 쓰여진 글자는 '경(敬)'인데, 이것을 중심으로 일곱 개의 사각형이 방사선 형태로 나누어져 전체의 구조를 이루고 있다. 그리고 사각형의 위와 아래, 그리고 양쪽에 있는 글이 사각형의 내용을 설명한 것으로 원문에 나오는 것을 그대로 나누어 놓은 것이다.

각 영역은 32자로 구성되어 있는데, 경의 위와 아래에 있는 글은 16자로 '겸숙야(兼夙夜)'에 해당한다. 이것을 시간적으로 분류하면 '숙오(夙

2.

晨興

夙寤 1.

虛明靜一　嚴肅整齊　皦如出日　提撕此心　端坐斂形　盥櫛衣冠　昧爽乃興　本旣立矣

瞭然默識　次第條理　或紬新得　或省舊愆　澹以整之　盍於其間　思慮漸馳　鷄鳴而寤

養以夜氣
貞則復元

敬

應事

讀書

凝神息慮　方寸湛然　我則如故　事應旣已　常目在之　明命赫然　則驗于斯　事至斯應

反覆參訂　弟子問辨　親切敬聽　聖師所言　顏曾後在　夫子在先　對越聖賢　乃啓方冊

念玆在玆
日夕乾乾

4.　　3.

夕惕

日乾

兼夙夜

心神歸宿　不作思惟　齊手斂足　夜久斯寢　振拔精明　齋莊整齊　昏氣易乘　日暮人倦

休養情性　發舒精神　間以游詠　讀書之餘　勿貳勿參　靜存心動　惟心動是　動靜循環

6.　　7.　　5.

寤'와 '신흥(晨興)'은 아침의 일이고, '독서(讀書)'와 '응사(應事)'는 낮의 일이며, '일건(日乾)'과 '석척(夕惕)'은 저녁의 일이다. 그리고 '겸숙야'는 아침부터 밤까지의 일을 모두 말한 것이다. 이 그림에서 경을 중심에 둔 것은 학문을 할 때에 항상 경의 자세를 가져야 함을 뜻하는 것이다. 다음은 일곱 개의 영역으로 분리해서 설명한다.

1. 첫 번째 영역은 '숙오'인데, 일찍 잠에서 깨어난다는 뜻이다.

숙오(夙寤) ┬ 계명이오(鷄鳴而寤) 닭이 울어서 잠에서 깨어나면
        │ 사려점치(思慮漸馳) 생각이 차츰 일어나게 되니
        │ 합어기간(盍於其間) 그 사이에
        │ 담이정지(澹以整之) 조용히 마음을 정돈해야 한다
        │ 혹성구건(或省舊愆) 혹은 지난날의 잘못을 반성하고
        │ 혹주신득(或紬新得) 혹은 새로 깨달은 것을 모아서
        │ 차제조리(次第條理) 차례와 조리를
        └ 요연묵식(瞭然默識) 분명하게 알아야 한다

2. 두 번째 영역은 '신흥'인데, 새벽에 일어난다는 뜻이다.

신흥(晨興) ┬ 본기립의(本旣立矣) 근본이 확립되었으면
        │ 매상내흥(昧爽乃興) 새벽에 일찍 일어나서
        │ 관즐의관(盥櫛衣冠) 세수하고 머리 빗고 옷을 갖추어 입고
        └ 단좌렴형(端坐斂形) 단정하게 앉아 몸을 가다듬는다

제철차심(提掇此心) 마음을 끌어 모으되

교여출일(皦如出日) 밝게 떠오르는 햇살처럼 해야 한다

엄숙정제(嚴肅整齊) 몸을 엄숙하고 가지런하게 정돈하며

허명정일(虛明靜一) 마음을 텅 빈 듯하면서도 밝고 고요하게
한결같이 해야 한다

3. 세 번째 영역은 '독서'인데, 글을 읽는다는 뜻이다.

내계방책(乃啓方冊) 책을 펴서

대월성현(對越聖賢) 성현을 대하게 되면

부자재좌(夫子在坐) 공자께서 자리에 계시고

안증후선(顔曾後先) 안회와 증자가 앞뒤에 있을 것이다

독서(讀書)

성사소언(聖師所言) 성현께서 말씀하신 것을

친절경청(親切敬聽) 친절하게 귀담아 듣고

제자문변(弟子問辨) 제자들의 질문과 변론을

반복참정(反覆參訂) 반복하고 참고해서 바르게 고쳐야 한다

4. 네 번째 영역은 '응사'인데, 일에 대응하는 자세를 말한다.

사지사응(事至斯應) 일이 생겨서 대응하게 될 경우에는

즉험우위(則驗于爲) 실천으로 증명해야 한다

명명혁연(明命赫然) 밝은 천명은 빛나는 것이니

응사(應事)

상목재지(常目在之) 항상 눈을 거기에 두어야 한다

사응기이(事應旣已) 일에 대응하고 나면

아즉여고(我則如故) 나는 예전과 같이

방촌담연(方寸湛然) 마음을 고요하게 하고 정신을 모아

응신식려(凝神息慮) 사사로운 생각을 멈추게 해야 한다

5. 다섯 번째 영역은 '일건'인데, 낮이 다할 때까지 부지런하게 노력하는 것이다.

동정순환(動靜循環) 움직임과 고요함이 순환하는 것을

유심시감(惟心是監) 오직 마음만은 볼 수 있으므로

정존동제(靜存動察) 고요할 때는 이 마음을 잘 보존하고
　　　　　　　　　움직일 때는 잘 관찰해서

일건(日乾)　물이물삼(勿貳勿參) 마음이 둘 또는 셋으로 나뉘어서는 안 된다

독서지여(讀書之餘) 글을 읽다가 틈이 나면

간이유영(間以游詠) 간혹 휴식을 취하고

발서정신(發舒精神) 정신을 활짝 펴고

휴양정성(休養情性) 성정을 아름답게 길러야 한다

6. 여섯 번째 영역은 '석척'인데, 저녁에도 항상 조심하고 정신과 마음을 가다듬어야 한다는 뜻이다.

일모인권(日暮人倦) 날이 저물어 사람이 피곤해지면

혼기이승(昏氣易乘) 나쁜 기운이 들어오기 쉬우므로

재장정제(齋莊整齊) 몸과 마음을 잘 가다듬어

석척(夕惕)　진발정명(振拔精明) 정신을 맑게 이끌어야 한다

야구사침(夜久斯寢) 밤이 깊어 잠을 잘 때는

제수렴족(齊手斂足) 손발을 가지런하게 모아

부작사유(不作思惟) 아무런 생각을 하지 말고

심신귀숙(心神歸宿) 마음과 정신을 잠들게 해야 한다

7. 일곱 번째 영역은 '겸숙야'인데, 낮부터 밤까지 자신의 정신과 기를 가다듬는 것을 말한다.

겸숙야(兼夙夜)

양이야기(養以夜氣) 밤의 기운으로 마음과 정신을 잘 기르면

정즉부원(貞則復元) 정이 다시 원으로 돌아올 것이다

염자재자(念玆在玆) 이것을 항상 생각하고 마음에 두어

일석건건(日夕乾乾) 밤낮으로 부지런히 힘써야 한다

새벽부터 밤늦게까지 공부하라

닭이 울어서 잠에서 깨어나면 생각이 차츰 일어나게 되니, 그 사이에 조용히 마음을 정돈해야 한다. 혹은 지난날의 잘못을 반성하고, 혹은 새로 깨달은 것들을 모아서 차례(次例)와 조리(條理)를 분명하게 알아야 한다. 근본이 확립되었으면 새벽에 일찍 일어나서 세수하고 머리 빗고 옷을 갖추어 입고 단정하게 앉아 몸을 가다듬는다. 그리고 마음을 끌어 모으되, 밝게 떠오르는 햇살처럼 해야 한다. 몸을 엄숙하고 가지런하게 정돈하며, 마음을 텅 빈 듯하면서도 밝고 고요하게 한결같이 해야 한다.

이 글은 새벽에 일찍 일어나서 아침에 공부하기 전까지의 몸가짐과 마음가짐에 대해서 말한 것이다. 요즘과 같이 문명이 발달한 시대에 닭이 우는 소리를 듣고 일어나는 사람은 없을 것이다. 대부분 자명종 소리를 듣고 잠에서 깨어나게 될 텐데, 잠에 깊이 빠지면 그 소리도 듣지 못한다. 잠이란 버릇의 일종이다. 따라서 자신의 의지로 충분히 조절이 가능하다. 일어나겠다는 의지를 가지고 있으면 자신이 원하는 시간에 일어날 수 있다. 잠에서 깨어나면 곧바로 세수를 하고 단정하게 옷을 입고 하루의 일과를 생각하거나 어제의 일을 돌이켜보며 정신을 가다듬어야 한다.

필자의 경험으로 미루어보면 자신의 일을 충실하게 하다가 늦잠을 자는 경우는 매우 드물다. 대부분 컴퓨터 게임을 하거나 인터넷을 하며 시간을 보내면서 늦게 자기 때문이다. 시간이 많을 때 학문을 하지 않으면 나이가 들고 어른이 되어서는 아무것도 할 수 없게 된다는 옛 성인들의 말을 명심해야 한다.

그리고 책을 펴서 성현을 대하게 되면 공자께서 자리에 계시고, 안회와 증자가 앞뒤에 있을 것이다. 성현께서 말씀하신 것을 친절하게 귀담아 듣고, 제자들의 질문과 변론을 반복하고 참고해서 바르게 고쳐야 한다. 일이 생겨서 대응하게 될 경우에는 실천으로 증명해야 한다. 밝은 천명은 빛나는 것이니, 항상 눈을 거기에 두어야 한다. 일에 대응하고 나면 나는 예전과 같이 마음을 고요하게 하고 정신을 모아 사사로운 생각을 멈추게 해야 한다.

공자는 학문을 가장 중요하게 생각했다. 안회는 '하나를 들으면 열을 안다.'는 고사로 유명하며, 증자는 효성이 뛰어난 사람으로 모두 공자의 제자들이다. 이러한 스승과 제자 사이의 질문과 답변을 항상 반복하여 되새겨 보고 실천하여 훌륭한 인물이 되고자 해야 한다. 일을 할 때는 항상 말을 앞세울 것이 아니라 실천으로 보여 주어야 한다. 그리고 일이 끝나면 다시 마음을 가지런하게 정돈하여 쓸

데없는 생각이 일어나지 않도록 해야 한다. 그렇지 않으면 잡념이 생겨서 학문에 전념할 수 없게 된다.

　움직임과 고요함이 순환하는 것을 오직 마음만은 볼 수 있으므로, 고요할 때는 이 마음을 잘 보존하고 움직일 때는 잘 관찰해서, 마음이 둘 또는 셋으로 나뉘어서는 안 된다. 글을 읽다가 틈이 나면 간혹 휴식을 취하고, 정신을 활짝 펴고 성정(性情)을 아름답게 길러야 한다.

　날이 저물어 사람이 피곤해지면 나쁜 기운이 들어오기 쉬우므로, 몸과 마음을 잘 가다듬어 정신을 맑게 이끌어야 한다. 밤이 깊어 잠을 잘 때는 손발을 가지런하게 모아 아무런 생각을 하지 말고 마음과 정신을 잠들게 해야 한다. 밤의 기운으로 마음과 정신을 잘 기르면 정(貞)이 다시 원(元)으로 돌아올 것이다. 이것을 항상 생각하고 마음에 두어 밤낮으로 부지런히 힘을 써야 한다.

공부를 할 때는 정신이 다른 곳에 가 있으면 안 된다. 그래서 옛 성현들은 마음을 한 곳으로 집중하라고 말했다. 공부에 전념하면 몸과 마음이 모두 피곤하게 된다. 따라서 충분히 쉬면서 재충전을 하고 다시 공부해야 한다. 이렇게 하다 보면 어느새 날이 저물어 피로가 쌓여 정신을 집중하려 해도 되지 않는다. 몸이 피곤하면 게을러지거나 나태해지기 쉽다. 게다가 정신 상태도 몽롱하여 나쁜 기운이 몸속으로 들어와 몸과 마음을 손상시킨다. 따라서 낮에는 열심히 공부에 정신을 집중해야 하지만 저녁부터 밤이 될 때까지는 몸과 마음을 정돈하며 때로는 휴식을 취하며 공부하다가 피곤해지면 깊은 잠을 자서 기운을 회복해야 한다. 그래야 다음 날 맑은 정신으로 다시 공부를 할 수 있다.

위의 〈숙흥야매잠〉은 남당(南塘) 진무경(陳茂卿)이 자신을 경계하고자 쓴 것입니다. 왕백이 일찍이 태주(台州)에 있는 상채 서원(上蔡書院)에서 교육을 주관할 때, 오로지 〈숙흥야매잠〉을 사람들에게 가르쳐 모두 외우고 익혀서 실천하도록 하였습니다. 제가 삼가 왕백의 경재잠도를 모방하여 이 그림을 그려서, 서로 상대가 되게 하였습니다. 〈경재잠〉은 공부해야 할 경우를 많이 열거했기 때문에 상황에 따라서 배열하여 그림을 만들었으며, 이 〈숙흥야매잠〉은 공부해야 할 시기를 많이 열거했기 때문에 시기에 따라서 배열하여 그림을 만들었습니다.

도라는 것은 일상생활에서 유행하는 것이어서 어느 곳을 가더라도 존재하지 않는 곳이 없습니다. 그러므로 어느 곳에선들 공부를 멈출 수 있겠습니까? 또한 잠깐이라도 멈추는 일이 없고, 한 순간이라도 이치가 없을 때가 없으니, 어느 시기인들 공부하지 않을 수 있겠습니까? 그러므로 자사가 말하기를 "도라는 것은 잠시도 떠날 수 없는 것이니, 떠날 수 있다면 도가 아니다. 그러므로 군자는 보이지 않는 곳에서도 경계하고 삼가며, 들리지 않을 때에도 두려워하는 것이다."라고 하였고, "숨은 것보다 더 잘 보이는 것도 없으며, 작은 것보다 더 잘 드러나는 것이 없으니, 군자는 홀로 있음을 삼가는 것이다."라고 하였던 것입니다.

이것은 움직일 때나 고요할 때나, 어느 곳 어느 때나, 존양(存養)하고 성찰하여 서로 공부를 완성하는 방법입니다. 이와 같이 할 수 있다면 어떤 경우라도 털끝만 한 잘못도 없게 될 것이며, 어느 때라도 잠시의 멈춤조차 없게 될 것입니다. 이 두 가지는 함께 힘써서 나아가야 할 것입니다. 성인이 되는 요체가 바로 여기에 있는 것입니다. 이상의 다섯 가지 그림은 심성에 근원을 둔 것인데, 일상생활에 힘쓰고 경외(敬畏, 공경하면서 두려워함)의 태도를 높이는 데 요점이 있습니다.

위의 말은 퇴계가 한 말이다. 숙흥야매잠도의 글은 진무경이라는 학자가 쓰고, 그림은 퇴계가 경재잠도를 모방하여 그렸다. 퇴계는 공자의 손자인 자사의 말을 인용하여 한순간도 멈춤이 없이 학문에 전념해야 한다고 하였다.

'존양'이란 존심양성(存心養性)의 줄임말로, 타고난 마음을 잘 보존

하고 본성을 잘 기르라는 뜻이다. '성찰'이란 자신을 반성하고 잘 살
피라는 뜻이다. 따라서 타고난 선한 모습을 잘 유지하고 자신의 허
물을 반성하고 살펴 학문에 전념해야 한다. 이것이 성인이 되기 위
한 한 가지 방법이다.

　예전의 성인들은 철저한 자기 관리로 학문을 했던 분들이다. 따라
서 성인이 되기 위해서는 아침부터 밤늦게까지 마음을 다스리고 몸
가짐을 바르게 하여 자신의 잘못을 반성하고 학문에 전념해야 했다.

　성인이 되기 위한 학문은 암기를 통해서 이루어지는 것이 아니다.
우주의 이치를 이해하고 인간의 도덕적 본성을 실천해서 밝은 세상
을 만들어야 비로소 성인의 학문이 완성된다고 할 것이다.

성인이 되기 위한 열 가지 그림, 성학십도

I. 퇴계의 생애와 시대적 배경

퇴계 이황은 조선 중기 연산군 시절인 1501년에 태어나서 선조 3년인 1570년까지 살았다. 6남 1녀의 막내로 태어났는데, 태어난 지 불과 7개월만에 부친을 잃고 홀어머니 밑에서 자라면서 농사일을 돕고 누에를 치며 생계를 이어나갔다. 어려운 환경이었지만 퇴계는 어려서부터 성품이 부지런하고 온화하며 예의를 지킬 줄 알았다고 한다.

6세 무렵에 이웃집 노인에게 《천자문》을 배우고, 12세에는 숙부인 이우(李堣)에게 《논어》를 배웠으며, 14세 무렵에는 도연명의 시(詩)를 좋아했을 정도로 학문에 대한 열정과 관심이 남달랐다. 특히 20세에는 《주역》에 심취하여 자고 먹는 것도 잊을 만큼 학문에 열중하여 병까지 얻게 되었는데, 이때 얻은 병 때문에 평생을 고생하며 지냈다.

28세 무렵에 사마시(司馬試)라는 과거 시험에 합격한 뒤, 34세에 문과에 급제하여 벼슬길에 나가게 된다. 이때부터 70세까지 36년간 벼슬을 했지만 실제로 관직에서 일을 한 것은 얼마 되지 않았다. 50세 무렵에는 고향으로 돌아가고픈 마음에 사직서를 내고 허락도 떨어지기 전에 자리를 비운 일이 있었다. 이 사건 때문에 퇴계는 관직을 박탈당하기도 했다. 하지만 60세 이후에도 관직이 계속 내려졌는데, 대부분의 벼슬을 사양했기 때문에 사실상 은퇴한 것이나 다름없었다.

이와 같이 퇴계는 벼슬하려는 생각보다 오로지 학문에 전념하고 제자들을 교육시키는 데 힘쓰고자 했다. 퇴계가 이렇게 벼슬에 마음을 두지 않은 것은 학문에 대한 열정과 몸의 허약함 때문이었지만, 그보다 더 중요한 이유는 당시의 정치적 상황이 너무 어지러웠기 때문이다.

당시 조선 왕조는 신진 사림(士林)들이 정계에 진출하여 개혁을 시도하던 시절이었다. 그러나 개혁은 말처럼 쉽지 않았다. 오히려 '사화(士禍)'가 연이어 일어나 많은 사람들의 목숨을 앗아갔다. 사화란 말 그대로 선비가 화를 당한 사건이다. 불의(不義)를 보면 목숨을 바쳐야 한다는 유교적 이념에 따라 사림들은 보수적인 집권 세력을 향해 철저한 개혁을 요구했다. 그러나 힘을 갖추지 못한 상태에서 마음만 앞섰기 때문에 오히려 집권 세력에게 화를 당하게 된다. 따라서 사화는 정의(正義)가 수난을 당한 사건이라고 할 수 있다.

조선 왕조 500여 년 동안 수많은 사건이 발생했지만, 사대사화(四

大士禍)는 그 가운데서도 가장 아픈 상처를 남긴 사건이었다. 왜냐하면 왕조를 떠받드는 사대부들이 권력을 지키기 위해 서로 싸우고 죽여 엄청난 희생자를 낳았기 때문이다.

1498년 무오사화(戊午士禍)를 시작으로 1545년 을사사화(乙巳士禍)가 발생할 때까지 약 50여 년 동안 모두 네 차례의 사화가 발생했다. 그런데 퇴계가 태어나 성장하고 활동하던 시기가 바로 사대사화의 시기에 해당한다. 가장 어렵고 힘든 시기에 가장 위대한 학자가 나왔다는 사실은 우연의 일치는 아니었을 것이다.

퇴계가 태어나기 3년 전인 1498년에 무오사화가 일어났고, 퇴계가 4세인 1504년에 갑자사화(甲子士禍), 19세인 1519년에 기묘사화(己卯士禍), 45세인 1545년에 을사사화가 일어났다. 따라서 퇴계는 사화를 직접 경험하고 목격한 인물이었다. 이러한 연속된 사화로 신진 사림은 화를 당했으며, 퇴계의 형인 이해(李瀣)도 사화의 영향으로 죽었다. 이는 퇴계의 삶에 중대한 영향을 끼쳤고, 퇴계가 벼슬살이에 회의를 가진 직접적인 이유이기도 했다.

당시 조선 사회는 이전의 집권 세력과 신진 사림 사이의 갈등이 심해지던 때였다. 권력을 가진 세력은 자신들의 권력을 지키고자 했고, 신진 사림 세력은 개혁을 통해서 국가를 발전시키고자 했기 때문에, 두 세력 사이의 싸움은 어쩔 수 없는 것이었다. 그러나 연산군의 폭정과 두 번의 사화를 겪으면서 사림의 사기는 땅에 떨어지고 사회적

분위기도 험악하게 되고 말았다. 하지만 사림들은 뜻을 굽히지 않고 중종반정을 일으켜 폭군인 연산군을 몰아내고 정권을 잡는다.

사림파의 우두머리로 떠오른 조광조는 연산군의 폐해를 복구하고 놀이터가 되었던 성균관을 다시 수리해 유학을 장려하였으며, 도학정치(道學政治)를 펴고자 하였다. 도학정치란 유교 이념에 따라 덕으로 통치하는 정치를 의미한다. 그리고 인재를 널리 등용하면서 신진 사림을 많이 뽑았다. 그러나 급진적 개혁을 시도했던 조광조는 당시 권력을 가지고 있던 훈구파의 모함을 받고 38살의 젊은 나이로 세상을 떠나고 말았다. 이것이 기묘사화이고, 이때 퇴계의 나이 19세였다.

기묘사화 이후 사림 세력은 관직에 나아가는 것이 소용없다는 분위기에 휩싸이게 되었다. 그래서 정계에 나아가지 않고 시골에 머물면서 학문에 전념하거나 제자들을 키우는 데 집중하게 된다. 그 결과 오히려 학문이 새롭게 일어났고, 정치적으로도 새로운 힘을 얻게 되었다.

퇴계가 직접 경험한 사화는 을사사화다. 윤임(尹任)과 윤원형(尹元衡)의 외척간 갈등이 사화를 일으켰고, 그로 인해 사림들이 많은 피해를 당한 사건이었다. 이때 퇴계의 나이 45세였다. 이러한 사화를 목격하고 박해를 받은 퇴계는 벼슬을 버리고 고향으로 돌아가 학문에 전념하려는 마음을 굳히게 된다.

정치의 주도권이 다시 사림으로 돌아온 선조 시대에 퇴계는 조정의 부름을 받지만 거의 나가지 않고 고향에서 학문에 열중했다. 어떤 의미에서 본다면 사화는 퇴계가 학문적 업적을 이룰 수 있는 계기를 제공했다고 할 수 있다.

퇴계의 저술은 대부분 50세 이후에 이루어진다. 이러한 사실은 나이가 들수록 학문도 깊어졌을 뿐 아니라 일부러 벼슬에서 물러나 많은 시간을 학문에 쏟았다는 것을 의미한다. 여기에 번역된 《성학십도》는 퇴계가 68세 되던 해에 완성한 작품으로 퇴계 학문의 핵심이 들어 있다고 할 수 있다. 스스로 성인(聖人)이 되기 위한 노력을 일생 동안 게을리하지 않았던 퇴계가 17세의 어린 임금 선조를 위해 올린 《성학십도》는 당시의 정치가는 물론 사림들이 본받아 실천해야 할 유학의 핵심을 담고 있다고 할 수 있다.

퇴계는 《주자서절요(朱子書節要)》, 《자성록(自省錄)》《전습록논변(傳習錄論辯)》 등 많은 저술들을 남겼지만, 그의 위대함은 학문적 완성과 더불어 몸소 실천하는 유학자의 삶을 살았다는 데 있다. 마지막 죽음의 순간에도 퇴계는 매화분에 물을 주라고 말하며 숨을 거두었다고 한다.

또한 퇴계는 교육자로서 훌륭한 제자들을 많이 키웠다. 위대한 스승 밑에서 훌륭한 제자들이 나오는 것은 당연한 결과지만, 조선 역사에서 보기 드문 모습이다. 유성룡(柳成龍), 김성일(金誠一), 기대승(奇大升), 정철(鄭澈), 성혼(成渾), 정구(鄭逑) 같은 학자를 비롯해 300여명이 넘는 제자들이 있었다. 퇴계의 제자인 학봉(鶴峯) 김성일은 스승에 대해서 다음과 같이 표현했다.

"선생님의 학문은 어렵지 않고 분명했으며, 선생님의 도는 공명정대했고, 선생님의 덕은 따스한 봄바람처럼 부드럽고 상서로운 구름 같았으며, 선생님의 문장은 무명처럼 소박하고 수수처럼 담담하여 꾸밈이 없었다. 가슴은 가을의 밝은 달과 맑은 얼음을 담은 옥으로 만든 병처럼 깨끗했으며, 기상은 온화하고 순수하여 아름다운 옥과 같았고, 산처럼 무겁고 연못처럼 깊어 바라보니 덕을 완성한 군자답도다."

이러한 김성일의 표현이 제자가 스승을 기리는 것이라 다소 과장되었다 해도 그는 조선 시대 최고의 성리학자로, 뛰어난 인격자로 존경받았다. 유년 시절부터 어머니에게 가르침을 받으며 바른 성품을 길러온 퇴계는 사람들을 대할 때 정성을 다했다고 하며, 제자들에게도 높임말을 사용했다고 한다.

퇴계의 교육자로서의 인품은 58세에 23세의 청년 율곡(栗谷) 이이(李珥)를 만나 학문적 토론을 벌이면서도 무시하지 않았고, 26세 연하인 고봉(高峯) 기대승과 8년에 걸쳐 '사단칠정(四端七情)'에 대해 논쟁을 하면서도 자신의 견해를 과감하게 수정할 줄 알았던 것을 통해서 충분히 증명된다. 퇴계는 학문과 삶을 하나로 완성한 우리의 위대한 스승이다.

2. 퇴계의 사상

퇴계의 사상은 넓은 의미에서는 유학에 속하고, 좁은 의미에서는 성리학에 속한다. 유학은 공자의 사상을 기반으로 한 학문으로 자신을 닦고 남을 교화하는 것을 목적으로 한다. 이러한 유학을 이론적으로 보완하여 중국 송나라 때에 주자가 완성한 학문이 성리학이다. 따라서 퇴계는 공자와 주자의 학문을 계승한 유학자요 성리학자다.

퇴계의 사상은 크게 세 부분으로 나누어 설명할 수 있다. 첫째는 우주와 자연의 근원 및 존재 법칙을 밝히는 이기론(理氣論)이고, 둘째는 인간의 본성을 밝히는 심성론(心性論)이며, 셋째는 학문의 실천과 가치를 다루는 수양론(修養論)이다.

첫 번째 이기론에 대해서 살펴보자. 이기론은 우주의 발생 원인과 근원, 그리고 만물의 생성 원리에 대해서 설명하는 이론으로 우주론(宇宙論)이라고도 한다. 만물은 처음에 어디서부터 생겨났을까? 어떤 사람은 하느님이 우주를 창조했다고 말하고, 어떤 사람은 진화에 의해서 발전했다고 말한다. 그러나 성리학에서는 만물의 근원이 태극

(太極) · 무극(無極) · 이(理)라는 보이지 않는 어떤 힘에서 생겨났다고 설명한다. 이것들이 우주와 만물을 만들어 내는 원리가 되어 이 세상에 존재하는 모든 것이 생겨나게 한다.

퇴계도 이러한 성리학을 이어받아 우주의 근원을 '이(理)'와 '기(氣)'로 파악했는데, 이것은 주자의 '이기이원론(理氣二元論)'에 따른 것이다. 이기이원론이란 이와 기라는 두 가지 원리로 만물이 생겨난다는 뜻이다. 이 두 원리는 서로 다른 역할을 한다. 이는 만물을 만들어 내는 원리이고, 기는 만물에 모양새를 만들어 주는 물질적이며 질료적인 원리다. 따라서 근원으로서의 이가 음양과 오행인 기와 합해져서 만물을 만들어 낸다. 인간에게 비유한다면, 인간의 정신적 부분이 이에 해당하고 육체적 부분이 기에 해당하는 것과 같다.

이와 기가 합해져서 만물을 만들기 때문에 이 두 가지는 서로 나눠지지 않는다. 하지만 서로의 역할이 다르기 때문에 나누지 않을 수도 없다. 이것을 퇴계는 "이 밖에 기가 없고, 기 밖에 이가 없으므로 진실로 서로 떨어질 수 없는 것이다. 그러나 나눠서 본다면 서로 구별이 없는 것은 아니다."라고 말한다. 굳이 나눈다면 이와 기는 서로 다른 존재지만, 만물 속에서 본다면 나눠질 수 없다. 모든 만물은 이와 기가 합쳐져서 완성되기 때문이다. 하지만 퇴계는 이 둘 중에서 이가 더 중요하고 기는 이보다 낮다고 보았다. 즉, 인간으로 본다면 이성이 중요하고 육체는 이성에 의해서 움직이는 것으로 생각한 것과 같다. 그래서 학자들은 퇴계의 이기론을 '주리(主理)', 즉 이를 중심으로 한다고 표현했다.

두 번째 심성론에 대해서 살펴보자. 심성론은 인간의 본성을 다루는 분야이므로 인성론(人性論)이라고 부르기도 하는데, 퇴계의 심성론은 우주론에 바탕을 두고 있다. 인간과 만물은 생겨날 때 모두 본성이 주어지는데, 그 본성은 바로 우주의 근원인 이에서 나왔으며, 모양새는 기에서 나왔다는 논리다. 우주가 이와 기로 구성되었듯이 인간도 이와 기로 구성된 것이다.

성리학이라는 용어도 바로 인간의 본성인 '성(性)'과 우주의 근원인 '이(理)'가 서로 같다는 의미에서 나온 말로 "인간의 본성이 곧 우주의 이치와 같다."라고 하는 뜻이다. 이렇듯 인간과 우주는 나눠질 수 없는 하나의 원리에서 나왔으며, 인간은 우주의 원리를 본받아 자신의 본성으로 삼게 된다.

그런데 본성[성(性)]은 인간의 마음[심(心)]에 담겨 있다. 즉, 마음이란 우주의 '이기'가 모인 것인데, 이 속에 본성과 감정[정(情)]이 들어 있는 것이다. 그 중에서 본성은 이에 해당하기 때문에 선한 모습을 가지고, 감정은 기에 해당하기 때문에 선악의 요소를 모두 가지고 있다. 따라서 감정이란 잘 조절해야 할 대상인 것이다.

그릇에 담긴 탁한 물을 생각하면서 마음과 본성, 그리고 감정을 생각해 보자. 그릇은 마음에 해당한다. 그리고 그릇에 담긴 물을 오랫동안 흔들지 않고 그대로 두면 탁한 물질은 바닥에 가라앉고 맑은 물은 위에 있게 된다. 이때 가라앉은 탁한 부분을 감정으로 보고, 위에 있는 맑은 물을 본성이라고 보면 이해가 될 것이다.

물을 흔들지 않으면 그대로 본성과 감정이 잘 유지되지만, 흔들면 가라앉았던 물질이 다시 전체를 흐리게 만든다. 그렇기 때문에 인간은 감정을 잘 조절해야 한다. 이러한 본성과 감정을 담고 있으면서 통제하는 것이 바로 마음이다.

또한 감정에는 사단(四端)과 칠정(七情)이라는 것이 있다. 사단이란 인간의 마음에 있는 단서, 즉 새싹과 같은 것이다. 이 네 가지 마음은 맹자가 말한 것으로 측은한 마음(측은지심), 부끄럽게 여기는 마음(수오지심), 양보하고 사양하는 마음(사양지심), 옳고 그름을 가리는 마음(시비지심)을 말한다. 새싹이 자라서 꽃이 피고 열매가 열리는 것처럼 사단이 자라면 사덕(四德), 즉 인(仁)·의(義)·예(禮)·지(智)가 된다. 따라서 사단이란 인·의·예·지로 성장할 수 있기 때문에 처음부터 선한 모습을 가지고 있다. 칠정이란 일곱 가지 감정으로 기쁨·노여움·슬픔·두려움·사랑함·미워함·욕심을 말한다. 따라서 이러한 감정들은 사물이나 일과 만나면서 악이 될 수가 있다. 퇴계는 사단은 본성에 가깝기 때문에 이에서 나오고, 칠정은 감정으로서 기에서 나온다고 보았다.

이러한 퇴계의 사상은 인간이 왜 도덕적으로 살아야 하는지에 대한 해답을 찾기 위한 것이다. 인간은 우주의 이치를 본받았기 때문에 다른 사물과 달리 신령스럽고 귀한 존재다. 따라서 인간의 본성을 선한 것이라고 본 것이다. 이러한 퇴계의 사상은 전통적인 유학의 성선설에 따른 것이다.

세 번째 수양론에 대해서 살펴보자. 인간은 육체를 갖고 있기 때문에 욕망을 갖게 되는데, 이 욕망을 잘 조절해야 도덕적인 인간이 될 수 있다. 따라서 감정을 잘 조절하고 타고난 본성을 회복하는 것이 학문이요 수양이다. 이러한 것을 퇴계는 '존천리 거인욕(存天理 去人欲)'이라고 했다. 즉, '만물을 만들어 내는 천리를 보존하고 인간의 욕망을 없앤다.'는 뜻이다.

퇴계는 학문을 하고 몸과 마음을 수양하기 위한 방법으로 주자가 제시한 거경(居敬)과 궁리(窮理)를 계승하였다. 거경은 '경(敬)의 상태에 머무르는 것'이고 궁리는 '사물의 이치를 연구하는 것'이다. 주자가 사물의 이치를 연구하는 궁리에 중점을 둔 것과 달리 퇴계는 경에 머무는 거경을 중요시했으며, 《성학십도》에서도 경을 중심으로 설명했다. 퇴계는 경을 모든 철학과 인간 행위의 중심에 두었다. 그래서 그의 철학을 '경철학(敬哲學)'이라고 한다. 퇴계가 "경은 성학(聖學)의 처음이요 끝이다."라고 한 말은 바로 이것을 보여 준다.

이러한 수양은 궁극적으로 성인이 되기 위한 과정이다. 인간은 육체가 있기 때문에 욕망에 이끌리게 되고, 욕심을 버리지 못하면 성인의 길에 들어설 수 없게 된다. 따라서 마음을 비우고 끊임없이 공부하고 실천을 해야 한다. 이렇게 실천하려면 오직 경의 상태를 유지하는 것밖에 없다.

그럼 '경'은 어떻게 해야 유지되는가? 퇴계는 선현들의 생각을 모아서 '정신을 집중하고 다른 곳에 마음을 두지 않는 주일무적(主一無適)', '몸가짐을 단정하고 가지런하게 하며 마음을 엄숙하게 유지하는 정재엄숙(整齊嚴肅)', '언제나 맑은 상태로 깨어 있어야 하는 상성성법(常惺惺法)', '마음을 잘 거두어들여서 잡념이 생기지 않도록 하는 기심수렴(其心收斂)'으로 정리하고 있다.

학문을 통해서 이치를 깨닫는 것도 중요하지만, 퇴계가 더욱 중요하게 생각한 것은 몸소 실천하고 끊임없이 맑은 상태를 유지하는 것이었다.

이상과 같이 퇴계의 사상은 우주와 인간을 연결시켜 천지 자연과 인간을 하나의 근원에서 나온 존재로 생각하고, 인간의 삶은 자연의 법칙을 본받아 완성되어야 한다고 생각했으며, 이러한 상태를 유지하기 위해서는 마음을 집중하고 욕심을 없애고 끊임없이 수양해야 한다고 하였다.

3. 《성학십도》는 어떤 책인가?

《성학십도》는 제목인 성인 '성(聖)', 배울 '학(學)', 열 '십(十)', 그림 '도(圖)'에서 알 수 있듯이, 바로 성인이 되기 위해 알아야 할 성리학의 핵심적인 내용을 열 가지 그림을 통해 요약·정리한 책이다.

퇴계가 68세 되던 해에 이 책을 썼는데, 그 이유는 17세의 어린 임금인 선조를 성왕(聖王)으로 이끌기 위해서였다. 그러나 이 책은 선조만이 아니라, 성리학을 배우고 성인이 되고자 하는 사람 모두를 위해서도 소중한 책이다.

열 개의 그림은 대부분 예전부터 전해오던 것이다. 그 가운데 제6 심통성정도는 옛것을 바탕으로 퇴계가 보충한 것이며, 제3 소학도와 제5 백록동규도, 제10 숙흥야매잠도는 내용만 있던 것에 퇴계가 직접 그림을 그려 넣은 것이다.

《성학십도》에 실린 열 개의 그림과 글의 지은이, 그리고 내용에 대해서 간단히 요약하면 다음과 같다.

제1 태극도는 주돈이가 그림과 글을 모두 썼다. 태극도는 우주의 근원인 태극에서 음양과 오행을 거쳐 인간과 만물이 생겨나는 과정을 설명하고 있다.

제2 서명도는 장재의 〈서명〉이라는 글을 정복심이 그림으로 그린 것이다. 서명도는 두 부분으로 나뉘는데, 상도는 이일분수(理一分殊),

즉 하나의 이치가 모든 사물에 나누어 나타난다는 것을 설명하고, 하도는 부모를 섬기는 것이 하늘을 섬기는 것이라고 설명하고 있다.

제3 소학도는 《소학》이라는 책의 목차를 퇴계가 그림으로 그린 것이고, 글은 주자가 쓴 것이다. 소학도는 인간이 지켜야 할 다섯 가지 규범인 오륜을 비롯한 유학의 실천 규범에 대해서 설명하고 있다.

제4 대학도는 권근의 《입학도설》에 들어 있는 대학지도(大學之圖)를 실었고, 글은 《대학》의 경(經) 1장을 실었다. 《대학》에 담긴 삼강령과 팔조목을 설명하고, 공부를 하는 과정과 효과에 대해서 설명하고 있다. 퇴계가 우리나라 학자의 그림을 넣은 유일한 것이다.

제5 백록동규도는 주자가 쓴 〈백록동규〉를 퇴계가 그림으로 그린 것이다. 오륜의 규범과 《중용》에 나오는 학문 방법인 박학(博學), 심문(審問), 신사(愼思), 명변(明辨), 독행(篤行)에 대해서 설명하고 있다.

제6 심통성정도는 세 개의 그림으로 되어 있는데, 상도는 정복심이, 그리고 중도와 하도는 퇴계가 그렸다. 그리고 글은 정복심이 썼다. 인간의 마음과 본성, 감정의 구조와 관계, 그리고 사단칠정에 대해 설명하고 있다.

제7 인설도는 그림과 글을 모두 주자가 만들었다. 만물을 낳는 천지의 마음이 곧 인의 마음이라는 것을 밝히고, 이 인을 인간이 자신의 마음으로 삼아 실천해야 함을 설명했다. 또한 인의 본체와 작용을 구체적으로 제시하면서 유학의 핵심 내용인 인을 자세하게 설명한다.

제8 심학도는 글과 그림을 모두 정복심이 만들었다. 심학도는 마음의 다양한 존재 형태를 설명하면서 몸을 주재하는 마음과, 마음을 주재하는 경의 구조를 밝혀 경이 심학의 근본임을 설명하고 있다.

제9 경재잠도는 주자가 글을 쓰고 왕백이 그림을 그린 것이다. 심(心)을 중심에 두고, 경을 실천하는 자세와 방법에 대해서 여러 가지 상황을 중심으로 설명하고 있다.

제10 숙흥야매잠도는 남송의 진백이 쓴 글을 토대로 퇴계가 그림을 그린 것이다. 경을 중심에 두고, 시간에 따른 공부 방법을 설명하고 있는데, 새벽부터 밤늦게까지 매순간 경에 의해서 실천할 것을 설명하였다.

이상과 같이 구성된 《성학십도》는 내용상 크게 두 부분으로 나누어 볼 수 있다. 제1도에서 제5도까지는 천도(天道)에 근거하여 우주의 원리를 밝히고, 이것을 통해서 인간의 도리를 밝혔다. 제6도에서 제10도까지는 인간의 심성에 근거하여 일상생활에서 힘써야 할 일에 대해서 말하고 있다. 그렇기 때문에 《성학십도》 전체를 하나로 파악하면 '경' 중심의 철학 체계로 이해할 수 있다.

《성학십도》는 열 폭밖에 안 되는 짧은 글이지만 유학의 원리와 수행 방법을 요약하고, 또한 퇴계의 유학 사상을 한눈에 볼 수 있게 해주는 책이다. 그림으로 그려져 있기 때문에 누구나 쉽게 접근할 수 있고, 시각적 효과를 통해 유학 사상의 핵심 내용을 쉽게 이해하고 다가갈 수 있게 해 준다.

중·고등학교 시절에 역사나 철학 교과서를 통해 조선 시대의 이념인 성리학에 대해 들어봤을 것이다. 하지만 어려운 한자와 내용 때문에 구체적으로 어떤 것인지 잘 알 수 없었다. 그렇다고 조금 더 자세히 알기 위해 성리학에 관한 전문 서적들을 읽기도 쉽지는 않다. 그 책들 역시 어렵기는 마찬가지이기 때문이다.

이런 점에서 《성학십도》는 참으로 도움이 되는 책이다. 유학과 성리학의 내용 전체를 잘 요약하고 정리해서 전달해 주기 때문이다. 오늘날로 비유하자면 '성리학의 핵심 요약'인 셈이다. 시간상 읽기 어려웠거나 어려운 내용 때문에 읽기를 중간에 포기한 사람들에게 그런 점에서 꼭 읽기를 권하고 싶다. 그래서 우리 선조들이 어떻게 생각하고 공부했으며 실천했는지를 바르게 알게 되기를 바란다.

퇴계 이황 연보

1501년(1세)	11월 26일 진시(辰時)에 안동 예안현 온계 마을에서 아버지 이식(李埴)과 어머니 박씨 사이의 7남 1녀 가운데 막내로 태어났다. 퇴계가 태어난 지 7개월만에 아버지가 돌아가셨다.
1506년(6세)	처음으로 글을 읽었으며, 이웃 노인에게서 천자문을 비롯하여 《동몽선습》, 《명심보감》, 《소학》 등을 배웠다. 12세에는 숙부인 이우(李堣)에게 《논어》를 배웠다.
1520년(20세)	《주역》을 읽으며 자고 먹는 것을 잊었는데, 이때부터 병이 생겨 평생을 고생했다.
1521년(21세)	부인 허씨(許氏)를 맞이하여 혼인하였다. 23세 때 성균관에 들어가서 공부하고, 27세에 향시에 합격한 뒤, 세 차례 지방 향시에 합격했다.

1534년(34세)	문과 대과에 급제하여 벼슬길에 나섰다. 그 뒤 43 세까지는 대체로 순탄한 벼슬 생활을 한다.
1537년(37세)	10월에 어머니가 돌아가시자 관직에서 물러났다.
1537년(37세)	성균관 사성의 벼슬을 받았으나 나아가지 않고 고 향으로 돌아갔다. 이때부터 퇴계는 줄곧 고향으로 돌아갈 뜻을 품었다.
1548년(48세)	외직을 스스로 원하여 단양 군수로 내려갔다. 많은 공적을 남기고 10월 풍기 군수로 옮겨갔다. 단양팔 경은 퇴계가 군수로 있던 이때에 선정한 것이다. 2월에 아들 채(寀)가 죽었다.
1550년(50세)	정월에 신병을 이유로 감사에게 세 차례나 사직원 을 낸 다음, 회답도 기다리지 않고 고향으로 돌아갔 다. 이로 인해 근무처를 벗어났다는 이유로 관직을 박탈당했다. 예안 하명동에 한서암(寒栖菴)을 짓고 학문에 전념하며 제자를 가르쳤다. 이때 각지에서 많은 제자들이 모여들었다.
1553년(53세)	4월에 성균관 대사성에 임명되었으나 물러나고, 10 월에 정지운(鄭之雲)의 〈천명도〉를 개정하는 등 학문 에 전념했다.

1556년(56세)	6월에 도산에서 《주자서절요》를 썼고, 12월 《주자서절요》의 서문을 지었다.
1556년(56세)	사단칠정에 대한 논쟁을 33세의 고봉 기대승과 시작하였다. 이후 8년 동안 편지를 주고받으며 논쟁을 계속했다.
1566년(66세)	왕으로부터 특별 소명이 내려져 어쩔 수 없이 정월에 한양으로 올라가다가 병을 얻어 다시 사퇴하고 고향으로 돌아갔다. 이에 왕은 실망과 한탄을 하며, 유신들과 화공들을 도산으로 내려보내 〈도산기〉를 그림으로 그려 오게 하여 병풍을 만들었다. 《심경후론》을 짓고, 10월에 회재(晦齋) 이언적(李彦迪) 선생 행장을 짓고 교정하였다. 유인중(柳仁仲)에게 편지하여 《속몽구》란 책을 의논하였다.
1568년(68세)	정월에 상소를 올려 벼슬을 그만두고자 했다. 선조 원년 의정부 우찬성과 판중추부사에 임명되자 6월에 임금의 명령을 어기지 못해 한양으로 올라와 양관 대제학을 겸하였다. 이 기간 중에 〈무진육조소〉를 지어 왕에게 올리고, 12월 《성학십도》를 지어 올리자 왕이 병풍을 만들어 애용하였다.

1560년(70세)	정월에 벼슬을 그만두고자 하였으나 받아들여지지 않았다. 제자들에게 《심경》과 《역학계몽》을 강의하고, 7월 역동 서원에 가서 《심경》을 강의하고, 8월 역동 서원이 지어지자 참석하였다. 기명언(奇明彦)에게 《심경정도》를 논하고, 11월 〈격물치지설〉을 개정하다가 병이 심해져 12월 봉화현감으로 있던 큰아들을 돌아오게 하여 장사 준비를 하도록 하였다. 이달 8일 한서암에 앉아서 고요히 세상을 떠났다. 죽기 직전에 하인에게 매화분에 물을 주라고 하였다.
1574년	2월에 위패를 도산 서원에 봉안하고 석채례를 올렸으며, 여강 서원에서도 위패를 받들어 모시고 제사를 지냈다. 12월에 문순(文純)이라는 시호가 내려졌다.